JN089431

ボトムアップ理論®

成果を出し続けるリーダーの

# 5つの成長習慣

実践ワークシート

畑 喜 美 夫
KIMIO HATA

これからのリーダーの基本は、
「全員がリーダー」になる
チームを創り上げることです。

リーダーは常に何かに追われています。
売上や利益などの目標の達成はもちろん、
部下の育成も大きな課題でしょう。

今月、目標を達成しても、
また来月の目標があります。
達成したとしても、
さらに数字が上積みされるかもしれません。

部下をせっかく育てたと思ったら、
他部署に異動したり、転職されたり、
手放さざるを得ないのが日常でしょう。
新しい部下を受け入れて、育てては手放し、
また、育てるの繰り返し……。

そんな際限のない、ゴールが見えないゲームの中で、

もがいているリーダーに、特効薬があります！
それは、チームのメンバー全員に、
リーダーになってもらうこと。

指示など一切出さなくても、
一人一人が目標の達成にまい進する。
メンバー同士が上下関係なく褒め合い、
育て合い、一体感がある。

こうした理想のチームを創る理論は、
スポーツの世界で生まれ、
ビジネスの現場に導入されました。

すでに20万人以上のリーダーが学び、
成功事例も生まれています。
理論と言っても難しいロジックはありません。
小手先のノウハウなどを身に付けなくても大丈夫。
それよりも、ずっと大切なことがあります。

それは、リーダー自身が思考の「クセ」を直すこと！

本書は、理想のチームを率いるリーダーに必要な、
「基本」や「5つの成長習慣」、「心得」について、
まとめてみました。

特に、リーダーが「5つの成長習慣」をしっかり身に付け、
ものの捉え方や見方を変えるだけで
理想のチームが生まれてきます。

# はじめに
## ～トップダウンを引きずっているかもしれないリーダーへ～

□ メンバー（部下）から意見や提案を引き出したいが、会議では皆、黙っている
□ 細かく指示しないと、完成度の低い成果物しか上がってこない
□ 最近のメンバーは褒められるのが好きらしいが、欠点を直すほうが成長の
　近道だと学んできた
□ 任せた仕事の報告がメンバーから上がってこないので、イライラすること
　がある
□ メンバーと面談するときに、自分が上座に座らないと落ち着かない

　これら5つのチェックリストに 1つでもYES、と思った方、どこかでトップ
ダウン型思考を引きずっています。

　心の中では、メンバーに自主性を持ってほしい、いちいち指示しなくても動
いてほしい、と思っているかもしれませんが、それだけでは人は動きません。
　残念ながら、トップダウン型思考の「クセ」を断ち切らない限り、「全員がリー
ダー」の理想のチームを創り上げることはできないでしょう。
　実際に、今、リーダーになっている皆さんは、多かれ少なかれ、トップダウン
型上司の洗礼を受けています。
　「あの人のようにはなりたくない」「自分がリーダーになったら、もっとリベラ
ルなマネジメントをしたい」と考えているかもしれませんが、トップダウン型
思考の刷り込みは、皆さんが思っている以上に強力です。
　なぜならば、それが、多くの日本型組織の伝統であり、DNAだから。

　いきなり暑苦しい話で恐縮です。
　私は、一般社団法人ボトムアップパーソンズ協会で代表理事を務める畑喜美
夫と申します。

日本中の組織で岩盤のごとくはびこっている**トップダウン型思考を打破するために、**長年勤めた公立高校の教師の座を捨てて、ビジネスの世界に身を投じました。

　もともと私はスポーツ、サッカーのコーチとして**ボトムアップ型思考をチームに根付かせ、実績を上げてきました。**まずは、自己紹介から始めさせてください。

　私は2019年まで広島県立の高等学校で31年間、教員をしていました。1997年に赴任した県立広島観音高校ではサッカー部の監督をしていたのですが、そのサッカー部が、高校サッカー界でまったく無名だったにもかかわらず、2006年に奇跡を成し遂げました。

　なんと、全国高等学校総合体育大会サッカー競技大会（高校総体）に初出場して、初の全国制覇を成し遂げたのです。この学校はサッカーの推薦入学制度がない県立高校であり、全国の強豪私立校と比べて選手層の面ではかなりハンディがありました。

　それにもかかわらず、並みいる強豪を打ち負かして、日本一に輝けたのはなぜか？

　実は私自身、高校・大学時代に、17歳以下・20歳以下のサッカー日本代表に選ばれ、順天堂大学や社会人の広島県選抜でも全国優勝を経験しています。

　そのため監督だった私が、選手一人一人を事細かく指導し、対戦相手の弱点を分析して、相手の長所を消し、こちらの長所を引き出すような戦略・戦術を繰り出したから——。

　私を知る人からは、そのように思われることがよくあります。

　**しかし、実際はまったく逆でした。**

　この大会の期間中、相手の戦力のスカウティングや戦略策定、試合のスターティングメンバーの選考、練習メニューの策定などは全て選手たちが行っていました。ミーティングを仕切るのも意見を出すのも、全て選手たちです。私は監督としての仕事がまったくなく、フィジカルトレーナーと2人でコーヒーを

飲んで、その様子を眺めていただけでした。今でも、「あのとき、2人でコーヒーを飲んでいたら優勝してしまったよね」と笑い合っています。

　しかし、なぜ、そんなことが実現できたのでしょうか。

　**その理由は、「ボトムアップ理論」です。**

　「ボトムアップ理論」とは、サッカーに当てはめていえば、「選手の自主性や主体性を引き出し、選手全員で考えながらサッカーを創造していく」理論です。その源流には、私の恩師の指導法があります。私は小学校2年生のときに、地元の広島大河FCに入団し、その当時、監督だった恩師・浜本敏勝先生に指導を受けました。

　その先生が実践されていたのは、人間形成を大事にした**「選手が主役」「みんなが主役」「思いやり」**のサッカーです。練習も試合もみんなで話し合い、実践する。課題が生まれればまたみんなで考えながら話し合って解決していく。そうすることで、私を含めた一人一人が成長していき、試合にも勝ち抜いていったのです。

　その経験を自分なりに考えて指導実践しながら確立していったのが、「ボトムアップ理論」です。それを、広島観音高校サッカー部に浸透させたことで、選手たちは自ら考え、サッカーを創造していき、全国制覇を自らの手で成し遂げたのです。

　それまでのサッカー界では「トップダウン」が主流だったことから、私の取り組みは注目され、多くのサッカー関係者が見学に来られるようになりました。すると、それを聞きつけ、サッカーとは関係のない方も見学に来られるようになりました。「ボトムアップ理論」はビジネスに応用が利くことも多く、今では企業で講演することが年間150回を超え、好評をいただいています。

　さらに、近年は「ボトムアップ理論を導入したい」という企業に、導入コンサルティングを行うようにもなりました。クライアントはパナソニックやブリヂストン、ミズノなど大手企業のグループ支社などを筆頭に、私の地元である広

島の企業などが挙げられます。このように、企業向けのコンサルティングや講演をしているうちに、私は現場のリーダー層の人たちが深く悩んでいることに気づかされました。

リーダー層の悩みはどの企業も共通しています。それは、「マネジメントの難易度が高くなり過ぎて、とてもこなし切れない」ということです。

そもそも、数十年前と比べて、マネージャーや課長は非常に忙しくなっています。どの会社も人員に余裕がないので、リーダー層も、プレイングマネージャーとして働くことを求められているからです。

その上で、マネジメントの面でも、以前より難しいかじ取りを迫られています。市場を取り巻く環境が目まぐるしく変わっているので、これまで自分が培ってきたノウハウが通用しにくくなっています。そのため、メンバーに的確なアドバイスを送ることが難しくなっているのです。

厳しく指導すると、それはそれで「パワハラだ」と言われてしまうのが現状であり、気軽に指導することもできません。また、自分自身がプレイングマネージャーとして動いているので、メンバーの仕事ぶりが見えにくくなっています。さらにコロナ禍によって、リモートワークが増えたため、誰が何をやっているのかがますますわからなくなってしまいました。

このような難しい環境に置かれながら、マネージャーたちは、上から厳しく成果を求められています。非常に苦しい状況に追い込まれているというわけです。メンタルを病む人がいるのも当然といえるでしょう。

この状況下で、チームで成果を出すためには、メンバーが自分たちで考えて仕事をする「自走型」「自動型」のチームを創り上げることが欠かせません。そのための方法として適しているのが、「ボトムアップ理論」です。だからこそ、多くの企業から注目を集めたのでしょう。

本来なら、一社一社コンサルティングを行うのが理想的ですが、私の身体は1つしかありませんから、行動に限りがあります。それなら、ビジネスパーソ

ン向けにボトムアップ理論のエッセンスをお伝えする本があったらいいのではないか。そう考えたことが、今回、この本を出版することになった経緯です。

　本書では、ボトムアップ理論がどのようなものかを明らかにした上で、組織に導入するためのステップをお伝えします。また、ボトムアップ理論を導入することで、会社と社員が劇的に変わった３つの事例も取り上げました。自社に取り入れるときのヒントにしていただければと考えています。

　ボトムアップ理論とは、ビジネスでの個人的・表面的な成長を手にする方法ではありません。一人ではなく、周囲の人々を巻き込んで、皆で成功を手にする。人として豊かになる。全ての人が笑顔になって、感謝があふれる。挑戦できる。そんな新しい世界をみんなで一緒に創ろうじゃないか、という考え方です。

　「自分だけが成長したい」というリーダーには、ボトムアップ理論は合わないと思います。しかし、「みんなで一緒に成長したい」「良い世の中を創りたい」「会社全体で共創したい」というリーダーにはきっと参考になるはずです。

　スキルの上達手順を説明するときに、よく「守・破・離」ということが言われます。初心者の段階は、「守」。基本通りに進めて、基本を理解します。
　基本を習得したら「破」。基本だけでなく、そこから発展させて応用します。
　そして、応用も利くようになったら、「離」。応用を超えて自己流を開拓するという手順です。
　これからお話しするボトムアップ理論は、「守・破・離」の中の「守」と「破」です。まずは、これを基本として習得し、慣れたら、いろいろ応用してみてください。そして、応用もできるようになったとき、部署や会社独自のボトムアップの仕組みを創り上げれば、次は「離」となり、必ず周囲を巻き込んだ成長を実現できるはずです。

一番大切なのは、リーダー自身が変わること。長年染みついた思考の「クセ」を直すために、新たな【人間力】を大事にした「5つの成長習慣」（序章参照）や「心得」（第6章参照）を身に付けることで、ものの見方や捉え方、振る舞い方を変えていくのです。

　それでは、一緒に、ボトムアップ理論を学んでいきましょう。

## 「人間力」の抽象から具体化

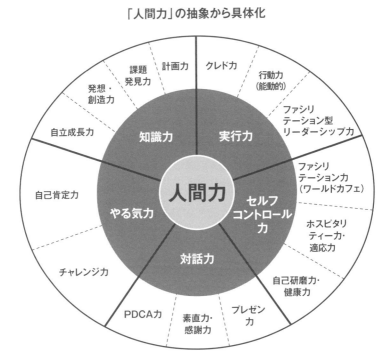

※「ボトムアップ理論」「トップボトムアップ」は畑喜美夫の登録商標です

# もくじ

# 序 章
## 成果を出し続けるリーダーに必要な〈6つの基本〉

# 第 1 章

## 5つの成長習慣①〈知識力〉ポジティブ感情

# 第 2 章

## 5つの成長習慣②〈実行力〉仕事への意味・価値

# 第3章

## 5つの成長習慣③
## 〈やる気力〉仕事へのエンゲージメント

# 第4章

## 5つの成長習慣④ 〈対話力〉良好な人間関係

# 第5章

## 5つの成長習慣⑤
## 〈セルフコントロール力〉仕事への達成感・貢献度

# 第**6**章

# 成果を出し続けるリーダーに必要な〈5つの心得〉

# 第**7**章

## 成果を出し続けるリーダーがぶつかる〈10の疑問〉

# 第**8**章

## 成果を出し続けるリーダーが組織を変えた
## 〈3つの事例〉

成果を出し続ける
リーダーに必要な
〈6つの基本〉

# 「ボトムアップ」がこれからのスタンダード

### 正解のない時代に求められるのは「自主性」「主体性」

## ◎そもそもボトムアップ理論とは何か?

　まず序章では、これからのリーダーにとって間違いなくスタンダードになる「ボトムアップ理論とは何か?」「なぜいまボトムアップ理論なのか?」といった基本的なことについて、お話ししましょう。「はじめに」でも述べましたが、ボトムアップ理論とは、一言でいえば、「メンバーの自主性や主体性を引き出し、チーム全体で考えながら仕事を創造していく」理論です。

　また「みんなが主役、みんなで成長、イキイキした現場」です。

　組織を運営していく方法については、主に「トップダウン」と「ボトムアップ」という2つの方式があります。

　トップダウンは、上司・マネージャーのような上位の者が主導して、仕事の内容・やり方を決定し、「指示・命令・思考停止」によって部下を従わせる管理方式。いわば、上意下達の方式です。この場合、主役は上司やマネージャーなど、上位の者になります。

　一方、ボトムアップは、「認める・任せる・考えさせる」ことによって、現場主導で出された意見を吸い上げて意思決定をする方式。いわば、下意上達の方式です。また、時には目線を同じにしていきます。

　これにより、個々のメンバーの自発性を促すことで、個々が持つ力や現場力を高め、パフォーマンスを上げることを目指します。

　トップダウンとは異なり、主役は現場のメンバーたち。ボトムアップを実践するには、部下たちに「認める」「任せる」「考えさせる」といったことが求められます。

## 「ボトムアップ理論」とは

経営管理の2つのタイプ

| トップダウン | ボトムアップ |
|---|---|
| 経営者、幹部、監督主導 | 「現場」主導 |
| 〈上意下達〉 | 〈下意上達〉 |
| ・経営者(監督)が事業内容を決定し社員(選手)に従わせる | ・現場の意見を吸い上げて意思決定がなされる |
| | ・社員力、選手力、現場力を高めることで生産性を上げる(現場の自発性を促す) |

「五感」で
【観て】➡【感じて】➡【気づく】➡【実行する】

## ◎なぜ、いまボトムアップ理論なのか？

　振り返ってみると、これまでは、スポーツの世界でもビジネスの世界でも、「トップダウン」が主流でした。特に日本のスポーツの世界では、「上に立つ者の言うことに従うのが当たり前」という風潮がいまだに色濃く残っています。世界のスポーツ界を見渡せば、「ボトムアップ」のほうが標準的なのですが、まだまだ日本は遅れています。

　一方で、スポーツと比べると、ビジネスの世界では、「ボトムアップ」の考え方を取り入れている企業はしばしば見られます。製造業の現場で行われてきた「QC活動」は、まさにボトムアップの方式。工場で働くメンバーが小さなグループを形成し、意見を出し合いながら、共創して、品質向上や生産性向上を実現させていくわけです。

しかし、全ての会社でボトムアップ方式が浸透しているかというと、決してそうではないようです。

とはいえ、私のサッカー部を見学に来られる方に、ビジネスパーソンが増えたのも、ボトムアップ方式への関心が高まっている理由でしょう。また一教師であった私の元にも、企業からの講演依頼が後を絶たず、コンサルティングを頼まれることも増えました。明らかに風向きが変わっているのを感じます。

## ボトムアップとトップダウンの図解

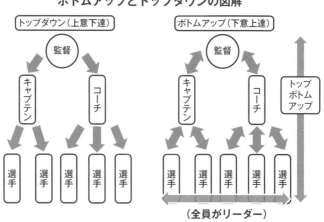

それではなぜ、ボトムアップ理論が企業から注目されるようになったのでしょうか。

その理由の１つは、「上司が必ずしも答えを持っていない」時代になったことです。

ＩＴの進化やグローバル化の進展によって、今や、どの業界のビジネスも目まぐるしく変化しています。商品開発も営業もブランディングも、何が正解なのか誰もわからないことも増えてきています。当然、上司も答えを持っていませんから、トップダウンで指示することに限界がきます。

このような状況で答えを見つけるためには、会社のメンバーがみんなで知恵を絞って考える必要があります。その上で、各メンバーの自主性を引き出すボトムアップ型の組織運営の必要性が高まってきたというわけです。

　また、「人手不足で、手取り足取り教える余裕がなくなっていること」も理由に挙げられます。このような状況では、どの会社でも、自ら考えて工夫して仕事ができる人財、そして、自ら道を切り開く人財は、のどから手が出るほど欲しい状況です。そうした人財を育てたいと考えた企業が、ボトムアップ理論に目を付けたというわけです。

# ボトムアップ型組織こそが「最強のチーム」である

### 実践的で新しいアイデアがどんどん湧いてくる

## ◎全員が納得しながら前進。意見が取り上げられ、やる気もアップ

ボトムアップ型組織にはさまざまな長所があります。

1つ目は「時代の変化に対応した、実践的で新しいアイデアや解決策が導き出せること」です。ボトムアップ型の組織では、独裁政権のように、一人の意見で何もかもが決まることはありません。常にミーティングをしつつ、相互理解を深め、合意形成をしながら組織としての意思決定をしていきます。

しかも、ベテラン社員から新入社員まで、正社員からパート・アルバイトまで、組織を構成する一人一人の意見を引き出していくので、一人ではたどり着けないような解決策が導き出せますし、実践的な対応ができます。

基本的に全員でミーティングをするので、「私は聞いていない」「私は相談されていない」といったことがなく、全員が納得した決定ができます。

また、自分の意見が取り上げられることで、一人一人のモチベーションも上がります。

これはミーティングに限った話ではありません。普段の仕事を進める上でも、自分で考えたことを提案すると喜ばれるので、「もっと意見を出そう」とモチベーションが高まってきます。

チームの意思決定に社員全員が関わることで、誰もが当事者意識を持てるようになり、問題が発生したときの解決法も自ら見出せるようになっていくのです。

## ◎順天堂大学が大学サッカー三冠を達成したワケ

このようなボトムアップ型の意思決定のメリットを、私は、順天堂大学のサッカー部に在籍していたときにも感じたことがあります。

もう三十数年前の話になりますが、私が4年生のとき、チームは、4年生が

考えた戦略をトップダウンで下級生に押し付けることが常でした。しかし、それが原因だったのか、練習試合でなかなか勝てないことが続きました。

　そんなとき下級生から私たち4年生に対して、戦略の提案があったのです。当時の体育会系サッカー部では、「下級生が生意気を言うな！」となるのが普通でした。しかし、当時のキャプテンを中心に、ゲームキャプテンだった私やチームメイトで話し合い、その戦略プランを採用することにしたのです。

　すると、チームは連戦連勝に。その勢いは止まらず、最終的には、関東選手権、総理大臣杯全日本大学サッカートーナメント、全日本インカレの大学サッカー三冠を達成しました。

　そのとき、私は「4年生だからといって、サッカーのことを何でもわかっているわけではない。下級生でもサッカーのことをわかっている選手はいるし、解決方法も、私たちが発想できないアイデアを持っているのだから、上級生だからといって、威張っているのは考えものだな」と感じたのです。

　こうしたことが、ボトムアップ型組織では日常的に起こってくるというわけです。

# スタッフが自ら動く仕組みを創る

「もう管理職や店長はいらないのでは？」は最高の褒め言葉

## ◎リーダーが緊張感と舞台創りにタッチしない組織

　ボトムアップ型組織の２つ目の長所は、「スタッフが自主的に働くようになること」。「緊張感と舞台創り」をリーダーではなく、スタッフたちが自ら道を切り開いて創り出せることです。緊張感とは、仕事に対して真剣に向き合っているかどうか、舞台とは仕事をする環境のことです。

　マネージャーや上司がいるときといないときでは、スタッフの働きぶりが全然違う……。

　このような職場は多いのではないかと思います。

　仕事中、マネージャーに監視されていないと仕事の手を抜いてしまう人がたくさんいる、という職場です。

　こういう職場では、この緊張感と舞台創りを、マネージャーがトップダウンで行います。「いいか、お前らサボったら許さないからなー」「給料下げるぞ」「ふざけるな！」と怒って、スタッフの尻をたたくわけです。

　しかし、これではマネージャーが常にいないと、チームとして仕事になりません。マネージャーが「所用で２日くらい休むよ」と言ったら、その２日間、仕事がまったく進まなくなってしまいます。

## ◎内発的動機づけで、強制が必要なくなる

　そこで、ボトムアップ理論では、この緊張感と舞台創りをスタッフみんなで創り出すことを目指します。

　「内発的動機づけ」（67ページ以降でも述べます）をすることで、仕事自体が楽しいという感覚を生み出し、管理者が強制しなくても、緊張感と舞台を創り

出せるようにするのです。これがうまくいくと、極端な話、管理職がいらなくなります。

　実際、そういう状況を実現していたのが、私が監督をしていた県立広島観音高校サッカー部がインターハイで全国優勝を遂げたときです。

　「はじめに」でも述べましたが、このときは、監督の私がやることは一切なく、ミーティングも練習もメンバー選考もスカウティングも、全て選手が運営進行していました。

　全国大会に臨んだ10日間、選手たちの自発的なチーム運営は日に日にクオリティーを上げていくばかりでした。

　ボトムアップ理論を取り入れれば、仕事でも同じことが実現できます。

　「このプロジェクト、マネージャーいらないんじゃないですか？」。そんな褒め言葉をいただけるようになるのです。

# 理想は「全員リーダー制」

## 上下関係を超えた承認を生み出す

### ◎全メンバーを何らかのリーダーに設定

　ボトムアップ型の組織は、具体的にどのような取り組みをしているのでしょうか。その代表的なものの１つが、「全員リーダー制」です。「一人一役制」とも言います。

　全員リーダー制では、全てのメンバーに何らかのリーダーになってもらいます。

　たとえば、私の指導していたサッカー部では、部員が「フィジカルグループ」「タクティクスグループ」「メンタルグループ」などのグループに分かれ、必ず全員が「審判リーダー」「ビデオ・カメラリーダー」「水まき・スポンジリーダー」「ビブスリーダー」などの役職を持っていました。これらの役職の掲示もしていました。

　なぜこうしているかというと、あらゆるシーンでの上下関係の壁をなくし、何らかの自己主導権が握れるような形にすることで、自分の意見が言いやすくなるからです。

　結果として、他人への依存が減り、お互いを支え合い、認め合えるようになります。

### ◎皆が自立し、「やらされる」から「やる」に

　実際、私が指導していたサッカー部では、選手たちが自主的・主体的に動くようになりました。試合前のミーティングやメンバー選考などを自分たちで行っている話はすでにしましたが、普段の部活動も全て選手たちが自主的・主体的に行っています。

審判に関して、普通は教員や顧問が審判のライセンスを取るのですが、私の指導していた部では生徒たちが自分で取るようになりました。当時、部員の６名が３級ライセンス、１名が２級ライセンスを取得していましたが、これは**１つの高校サッカー部の登録数としては日本一の数**です。

　メンタルグループの一員は「リラクゼーションについて知識を深めたい」とわざわざ広島から首都圏まで足を運び、メンタルの先生に教えを請うていました。

　グラウンドはグラウンド係が整備した後、メジャー係が真っすぐメジャーを引き、ライン係がきれいに線を引いていき、あらゆる対戦校から、「日本一のライン」と言われていました。スポーツは微差力が大切なので１mmにこだわっていました。

　このように、全員リーダー制にすることで、リーダーに任命された人間に、**「ここは自分の領分だ」という責任と自覚が芽生えます。**その結果、仕事の質が向上していくのです。皆が自立して、「やらされている仕事」から「やる仕事」になるわけです。

　ちなみに、教員時代、体育の授業も全員リーダー制を取り入れた結果、私はほとんど授業に関与しませんでした。バレーボールやバスケットボールも、生徒が自分たちで計画を立てて50分の授業を創っていたのです。

　企業でも、部下が自分たちで仕事を担うようになっていくと、上司があれもしなさい、これもしなさいと言わなくても、自分たちで仕事を進めていくようになります。

　要は、「自らが決める」のが当たり前になると、自然と自分の仕事に責任を持つようになり、人間性が高まっていくのです。事業を成功させるのではなく、**事業を成功させる人を育てる**ということです。

# 全員リーダー制（一人一役制）の例

ゼネラルマネージャー（GM）畑喜美夫

ヘッドコーチ（HC）主将　　　7グループ

選手監督1名　マネージャーズ（MG）副主将各学年3名　スーパーアドバイザー1名

## メンタルG

・メンタルGチーフリーダー　・リラクゼーションリーダー　・ビデオバッテリーリーダー
・B.Dパーティリーダー　・MC.DVDリーダー

## フィジカルG

・フィジカルGチーフリーダー　・ヨガリーダー　・トレーニングルームリーダー体感リーダー
・コンディションリーダー　・トレーナーリーダー　・チューブリーダー
・ブラジル体操リーダー

## デイリーライフG

・デイリーライフGチーフリーダー　・挨拶リーダー　・部室リーダー　・点呼リーダー
・鍵リーダー　・不燃、可燃リーダー

## チームマネジメントG

・チームマネジメントGチーフリーダー　・ユニホームリーダー　・ドクターバッグリーダー
・ボトルリーダー　・試合準備リーダー　・審判リーダー

## トレーニングインバイアライメントG

・トレーニングインバイアライメントGチーフリーダー　・メジャーリーダー　・テントリーダー
・グラウンドリーダー　・椅子リーダー　・試合会場リーダー　・ゴールリーダー

## タクティクスG

・タクティクスGチーフリーダー　・スカウティングリーダー
・チームビルディングリーダー　・ノートリーダー　・マガジンチェックリーダー

## スポーツイクウィッメントG

・スポーツイクウィッメントGチーフリーダー　・ボールリーダー　・マーカーリーダー
・ブラシリーダー　・温度計リーダー　・ビブスリーダー　・ボードリーダー

# 人としての「あり方」を磨く

## 立派な樹の下には、それ以上の根が張っている

### ◎「やり方」の前に「あり方」が重要

ボトムアップ理論は、やり方を習って表面的に実践すれば、思った通りの成果が得られるかというと、そうではありません。

私はやり方、つまり実践の方法を習う前に基本となる土台をしっかり創っておく必要があると考えています。

その土台が「あり方」です。

この「あり方」とは、2つの要素で形成されています。

1つは、何のためにそれをするのか、どんな思いでそれをするのか、どういう心構えでそれをするのかといった「思い」。

もう1つは、人間として正しく生きていきたい、という「人格」です。

この2つがしっかりしていないのに、方法だけ追求しても絶対にうまくはいきません。ある程度のレベルまでは到達できるかもしれませんが、それ以上のレベルでの成長は見込めません。

建物にたとえれば、建物を支える基礎・土台で、土の中に埋まって見えない部分が「あり方」で、地上の建物部分のように、目に見えている部分が「やり方」になります。

何も起きていないときには、建物の基礎がしっかりしていなくても何の問題もありませんが、台風や地震などに見舞われたときなど、何かあったときには基礎がしっかりしていない建物はすぐに倒壊してしまいます。

人間も同じで、基礎基本（自分軸）をしっかりと創ることが大切です。常日ごろから何のためにするのかという「あり方」をしっかり固めることが求められるのです。

これを樹木にたとえた言葉が、「良樹細根」です。

樹を見て、人は「きれいだな、素敵だな、大きいな」と地上の枝葉や樹の実ば

かりに気を取られがちですが、良い樹は必ず細かい根が地中に深く広く張っているものです。根が丈夫な限り、樹は自然に枝を伸ばし樹の実をつけていきます。根がしっかりしているからこそ、巨大な樹が何千年もの間、倒れずにいられるのです。

　人間も同じことがいえます。大切なのは、目に見えない根っこの部分、人間軸の「志」の部分です。

　ここにしっかりと意識を向け、うまく育てないと、根が腐ってしまい、樹全体が枯れて死んでしまいます。いつもは大丈夫でも、トラブルやピンチなどがきたときに、簡単に心が折れてしまうのです。

　いくら頑張っても人から認められない、褒められない、評価されないからといって、根っこの部分をおろそかにし、無理に樹の枝葉を伸ばそうとしてもなかなかうまくはいきません。根を育てないと、樹々は育たないのです。

　「良樹細根」を表現したのが下の図です。地上の立派な幹や青々と茂った葉、樹の実は「見える世界」、それに対し、地中の根っこは「見えない世界」です。

## 良樹細根を考える（見えない世界の重要性）

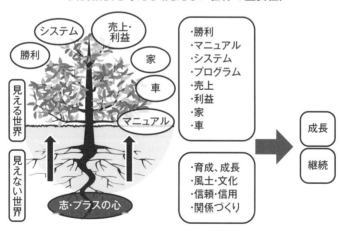

この樹の実は、売上や利益、もしくは旅行や車などです。

　見える世界だけを追っても、うまくいきません。売上が上がらないからといって、上司が部下に対して「何をやっているんだ、お前は」と叱責しても部下の心はマイナスになるだけで生産性が上がらず、意味はありません。売上が上がらない部下の、見えない部分（心の部分）に目を向ける努力をしてください。

　重要なのは「見えない世界」です。心、志の部分です。部下に寄り添ってあげるのです。それによって樹々全体に栄養が入っていきます。そうしてプラスの心になれば、生産性が上がり、自然に茎が出てきて、幹や枝葉ができて、樹の実がいくらでも取れるようになります。

　繰り返しになりますが、見える世界から入っていくのではなくて、見えない世界、心の部分から入っていきましょう、というのがこの「良樹細根」の本質です。

　書店にはさまざまなビジネス書が並んでいますが、その多くは、ビジネスモデルやシステム、マーケティング、マニュアル化など、テクニックの本です。ここばっかりやっても一時的には成果が挙がるかもしれませんが、一過性のものになります。

　そうではなく、人間的成長の志、風土創りや関係創り、信頼・成長をしっかりやった上でテクニックに入ることで、はじめて長続きするのです。

　単発的な成果で終わらないためには、先に心を創ることが重要です。

# 自分もチームも変わる〈5つの成長習慣〉を身に付ける

## 「あり方」は習慣によってしか変えられない

### ◎人間性を高めるためには、「成長習慣」が重要

ボトムアップ理論によって、成果を挙げるためには、これまでに書いてきた考え方を身に付けることもさることながら、やはり「人格」「人間性」を磨いていくことが重要です。

それらを磨く方法こそが、これからお話しする「成長習慣」です。詳しくは第1章～5章で解説していきます。

### ◎理解する前にまず行動

これからボトムアップ理論を中心とするリーダーの基本について学んでいきますが、最初に頭に入れておいていただきたいことがあります。

それは、ボトムアップ思考型の学びは、普通の学びと順番が違うことです。

普通の学びは次のような順序をたどると思います。

1段目…知る、わかる、理解・納得（顕在意識）
2段目…行動する、できる（潜在意識）
3段目…みんなで共有、分かち合う

要は「理解できたら行動しましょう」という流れです。

それに対し、ボトムアップ思考型の学びは、次のような順序をたどります。

1段目…行動する、できる（潜在意識）
2段目…知る、わかる、理解・納得（顕在意識）
3段目…みんなで共有、分かち合う

つまり、１段目と２段目が逆になり、理解より行動が先にくるのです。簡単に言うと、まずはあれこれ考えずに行動してみましょう、ということです。

　たとえば、掃除をするとしたら、なぜ掃除をしなければならないのか、ではなく、まずは掃除をしてみます。その上で、掃除をする意味を感じ取るのです。

　次の章からお話しすることについては、リーダーのあなただけでなく、チームのメンバーにも実践してもらうことで効果を発揮します。そのとき、「何でこんなことをやらなければならないのか？」と反発する人も出てくるかもしれません。

　そんな人たちにも実践してもらうためには、まずあなた自身がやってみて、効果を体感してみてください。その上で「私もやってみて効果を感じている。やったら、わかるんです。だから、みんなもやってみてほしい」と言えば、説得力が出るはずです。

　ぜひ率先して挑戦してみてください。


## ◎サッカーがうまければいいわけじゃない

　ボトムアップ理論は、ただ単に、職場にその仕組みを取り入れれば、すぐにできるものではありません。

　あなたや、職場のメンバーの根本的な人間性を磨かないと、導入したところで、ほとんど意味をなさないでしょう。

　人間性が重要であることは、もともとのボトムアップ理論の生みの親であり、私が小学生時代にサッカーの指導を受けた浜本先生から教わったことです。

　私が所属していた広島大河FCは、のちに日本代表やJリーガーを二十数名輩出するような、日本屈指の実力を持ったクラブチームでした。しかし、浜本先生の選手起用の基準はサッカーのうまさではありませんでした。

それどころか、どんなに良いプレーをしている選手でも、ミスをした仲間を「何やっているんだ!」と責めたり、罵声を浴びせたりするような姿を見ると、即座にメンバー交代し、そのまま帰宅させていました。実は、私もその中の一人でした。

私自身も、30年近くにわたって「ボトムアップ理論」を指導してきた過程で、なぜ先生がそこまで人間性を重視したのかがわかってきました。

ボトムアップの仕組みは、周囲を尊重し、全体成功を目指す人が集まっていないと、うまく機能しないのです。


### ◎人間形成は毎日の成長習慣がとても重要

とはいえ、人間、そんなに簡単に人間性が良くなるものではありません。20年以上の人生の中で形成されてきた性格や思考のクセは、ちょっとやそっとのことでは変わらないものです。

人間性を磨き上げる方法は1つしかありません。それは、毎日の「成長習慣」です。

心が磨かれることを毎日コツコツとやり遂げる。そうすることで、人間性はいつの間にか磨かれていきます。やがてその成長習慣は自分の血肉となることでしょう。

習慣は自分のものになるまで、目安として66日間かかるといわれています(ロンドン大学のフィリッパ・ラリー博士)。つまり、約2カ月かかるということです。逆に言うと、その2カ月の中で、意識しながらじっくりコツコツ、その成長習慣に励めば、自らを劇的に変えるチャンスがあるということです。


### ◎5つの成長習慣が1セット

次ページにある図が、人間性を高めるための「5つの成長習慣」です。しかし、これらのどれか1つ行えばいいというわけではありません。5つがセットになって、はじめてボトムアップ理論を体現するための土台が出来上がります。

どこから取り組んでも大丈夫です。どんどんできるところから取り組んでみてください。

慌てることはありませんので、自分のペースで進めていってください。

それではさっそく始めていきましょう。


## 5つの成長習慣

1.知識力（ポジティブ感情）
　➡ 自立成長型（ものの見方、捉え方の前提を変える）

2.実行力（仕事への意味・価値）
　➡ クレドの浸透・ミッション・ビジョンを自ら創る

3.やる気力（仕事へのエンゲージメント）
　➡ 挑戦・感謝・承認・全員リーダー制（一人一役制）・複雑制の縮減

4.対話力（良好な人間関係）
　➡ PDCA方式・ボトムアップミーティング

5.セルフコントロール力（仕事への達成感・貢献度）
　➡ シナジー効果・ワールドカフェ方式

---

# 第1章

## 5つの成長習慣①
# 〈知識力〉
## ポジティブ感情

---

# 自立成長型で考える①

### 自ら考え、行動し、解決するために

## ◎いかなる環境・条件でも自分で道を切り開く

ボトムアップ型組織を創りあげる上で、最初に身に付けなければならないのは「自立成長型」で考える習慣です。

自立成長型で考えるとは、「いかなる環境・条件の中においても、自らの能力と可能性を最大限に発揮して、道を切り開いていこうとする思考」のことです。

他責思考ではなく、自責思考。人のせいにしないで、自分に原因を求めます。

どんな状態にあっても、他人に依存するのではなくて、自分の能力を最大限に使って、「絶対にこれはやるのだ」と主体的に道を切り開いていきます。

なぜ、これを最初に身に付けなければならないかというと、「自分に責任を求める」「まず自分を変えていこう」「自責の念」という心構えがないと、どんなことも身に付かないからです。

ついつい「○○さんのせい」「あいつがもうちょっとこうしてくれたらよかったのに」と他人のせいにしたり、「景気が悪いから」「大企業のようにヒト・モノ・カネがそろっていないから」と環境のせいにしたりしていると、何も変わりません。

なぜなら、他人も環境も自分では完璧にコントロールできないからです。

唯一変えられるのは自分のみ。それならば、自分をどんどん変えていくことだけにフォーカスしていくしか道はありません。

他人に人生を左右されたくなければ、自分の人生は自分で決めるしかないのです。

自分でコントロールできることにもっと目を向けていくというのが、自立成長型の考え方です。

普段からこのような考え方をしていると、「他人は変えられない」「自分がコントロールできることにまず目を向けよう」という考え方が芽生えてきます。すると、人のせいにすることがなくなるわけです。


## ◎「～のせい」を「～のおかげで」に

　自立成長型思考を身に付けるには、言葉の力を使いましょう。その方法とは、「人のせいにしたくなったときに、言葉を言い換えること」です。
　具体的には、
「○○さんのせい」
と言っていたのを、

「自分の責任でもある。次回からはここに気をつけよう」
「私がこうしておけばよかった」

と言い換えるのです。
　何か自分にできることがなかったのか、と考え、自分の可能性を信じてそこにフォーカスするわけです。

　たとえば、自分が大事なプレゼンをしていたとしましょう。その会議中に一人の後輩社員が居眠りをしていたら、「こんな大事な話をしているのに君は何事だ！」となります。
　しかし、それを言い換えて、まず「自分の話の伝え方が悪くて眠たくなったのだな」「ダラダラと長い時間をかけて説明したのが悪かったな」「もっと頭が冴えている早い時間に会議を計画したらよかったな」など、自分に何かできることはなかったか？　と考えるのです。
　これを心掛けていると、全ては自分の責任だと捉えられるようになり、やがて自立成長型の思考法が身に付きます。

## 他者責任から自己責任

何かあったときにすぐに人のせいにする?
まずは、自分に矢印を向けるところから。

決して環境、他人の責任にしない
【自分の可能性を信じる】【自分の出番だと思う】

うまくいかないことがあれば、自分に何ができるかを考える。

「自分の言動を変えてみる」

〈試合で負けた〉
➡仲間がもっと頑張ってたら勝てた ×
➡自分があの場面で得点してたら勝てた! ○

## ◎まずは、リーダーが言葉を変える

　この「自立成長型」で考える成長習慣は、部下たちに実践してもらうことが重要ですが、まずはリーダー自らが、自分の言葉を変えてみましょう。

　リーダーができていないと、チーム全体に影響します。人のせいにする人が多い組織は往々にして、リーダーの他責思考が強いものです。

　リーダーの言葉が自責思考へと変わると、そのマインドがチームのメンバー一人一人にも波及していき、チーム全体に自立成長型の考え方が浸透していきます。

# 自立成長型で考える②

## 出来事自体に幸も不幸もないと知る

### ◎プラスに捉える成長習慣づけ

　自立成長型の考え方を身に付けるには、目の前で起きた出来事をプラスに捉えることも重要です。**出来事自体には幸も不幸もありません**。幸か不幸かは、その人のものの見方、捉え方次第です。

　しかし、そこでマイナスに捉えると、他人のせいにしてしまいがちです。その結果、「自分でできることはないか」と考えられなくなります。それを矯正し、「自分ごと」として考えられるようにするために、プラスに捉えることを習慣づけましょう。

　たとえば「材料を仕入れたら不良品だらけだった」としましょう。

　マイナスに捉えると、「仕入先が悪い」となるかもしれませんが、プラスに捉えると「仕入先を変えるチャンスかも」「検品チェック体制を整える良い機会」というようになるかもしれません。

　あるいは「会社の会議が非常に多い」としましょう。マイナスに捉えると、「時間ばっかりとって、嫌だ」となるかもしれませんが、捉え方を変えると、「僕が効果的な案を出すことによって、短くできるかもしれない。自分の評価を高めるチャンスだ」とも考えられます。

　このように、**何事もプラスに捉えるクセ**が、あなたのパフォーマンスを上げるのです。

### ◎「チャンス！」をログセにする

　プラスに捉える意識を植え付けるなら、何か問題が起きたときに「**チャンス！**」と思うように心掛けるのもいいでしょう。

　極端な例を挙げるならば、あなたが交通事故に遭ったとします。原因は、相手運転手の不注意。普通に考えたら「ピンチ」ですし、自分をひいた車の運転手

を責めたくなりますよね。

　しかし、これさえも「チャンス!」と捉えるのです。

　「青信号とはいえ周りを見ていなかった。今後気をつける良い教訓になった」
と考える契機になるかもしれません。あるいは、「入院中は、せっかくだから仕
事が忙しくて読めなかった本を読もう」「資格の勉強を一気に進めてしまおう」
と考えられるかもしれません。

　新しい教訓やチャレンジするチャンスを得ると捉えるだけで、まったく違う
見方が生まれてくるのです。

　いま、私がコンサルティングをしている飲食店では、皿を割ったとき、「チャ
ンス!」と言っています。パリーンという音の後に、厨房から「チャンス!」とい
う言葉が聞こえてくるので、お客さまは驚かれるのですが。

　こう言うことで、スタッフの動きが変わってきます。

　普通なら怒られるところを、「チャンス!」「大丈夫、大丈夫」と笑顔で助けてく
れます。割った本人も、「割らないためにはどうしたらよかったのだろう。これ
を機に考え直そう」と改めるようになり、業務改善にもつながっています。

# 自立成長型で考える③

あらゆるものをプラスに変えるフレームワーク

## ◎プラス変換を書き出してみる

目の前の出来事をプラスに捉えられるようになるために、次のワークをしてみましょう。ピンチのときにやってみてください。

具体的には、次の順番で考えていきましょう。

1. プラス受信

「**この問題をクリアできたら、自分・会社にどんな成長があるか**」を想像する

2. 自己責任

「**自分の中にある、問題の原因**」を書き出す

3. 自己改善の手段

相手の変化ではなく「**自分は今から何をするべきか**」を書き出す

これらについて、それぞれ2〜4つ箇条書きにするのです。

たとえば、クライアントからクレームを受けたとしたら、

1. プラス受信

● うまくリカバーできれば、自分の接客スキルが上がるチャンス！

● うまくリカバーすれば、お客さまをリピーターにできるチャンス！

2. 自己責任

● すぐに連絡をしなかったのがよくなかった

● 相手のことをもっと調べておけばよかった

● マイナス面も伝えるべきだった

3. 自己改善の手段

● 今度からはまず連絡するようにしよう

● 商品とクライアントの知識をもっと身に付けよう

● マイナス面とプラス面の両面を提示しよう

と書いていくわけです。また、適切なプラス受信をするためには、次のような
観点もイメージしながら加えて考えるとよいでしょう。


【第3の目】
　● その場の感情に流されずに、起こった問題を客観的に冷静に考える
　● 相手の言動に対して中立的に捉える
【リスペクトしながら】
　● 相手の言動を、好意的に捉える
【素直に澄み切った心で】
　● 起きたことを正確に、詳しく書き出す


## 自立成長型問題解決法ワーク

出来事・問題

**プラス受信**
この問題をリカバーできたら自分自身どんな成長があるのか

**自己責任**
問題の原因は、全て自分自身にあると考える

**自己改善の手段**
状況の変化や相手に期待せず自らの可能性に期待する・自発的な
行動をとる・どうやったら改善できるか

## ◎手段は1万通りある

P43に挙げた「3.自己改善の手段」が見つからない場合には、「**手段は1万通りある**」という言葉を思い浮かべてみてください。

解決策が絶対にない、などということはそうそうありません。1つの山を登るにしても、登山ルートはいくつもありますし、ヘリコプターで行く方法もあります。

また、**目的に立ち返ってみるのも1つです**。もし頂上の写真を撮ってくることが目的なら、実際に登るのではなく、ドローンに行かせる手もあるでしょう。

「手段は1万通りある」ことを実感するためにおすすめなのが、このワークを部署の複数のメンバーと一緒に行うことです。

まずは同じ問題に対して、個々で手法を出してみます。その上で、皆でシェアするのです。

すると、「なるほど、こういうやり方もあるのか」とさまざまな解決方法があることがわかります。

また、手段だけでなく、「プラス受信」の仕方を変えるだけで、新しい方法が見つかるということもあります。

たとえば、クレームの例でいえば、「話を聞くことで新たなニーズが見つかるかもしれない」とプラス受信をすれば、「新しいサービスを開発する」といった**「自己改善の手段」**が見えるかもしれません。

## 自立成長型問題解決法の作成

**記入例**

**問題**

> ### 試合に負けた

**プラス受信**

- 成長のチャンス
- 理由を考えるチャンス
- 次にどうしたらよいか考えるチャンス
- 自分のプレーを振り返るチャンス
- 自分にもっと何ができたか考えるチャンス
- 試合に向けての心構えを振り返るチャンス

**自己責任**

- 最高なモチベーションではなかった
- 試合に出場できなかったがもっと支援できたはず
- シュート場面でドリブルに逃げた
- もっと元気な声を出せたはず
- 荷物整理がきちんとできてなかった

**自己改善の手段**

- 今一度私生活から考える
- もっと練習して技術を磨く
- 前日の過ごし方を考える
- 試合に出場できてもできなくても「何のため」の試合かを考え、心を整える
- まずは自分の身の回りから整理整頓して良い心を保つ
- 戦術をもっと勉強して選択肢を増やす
- チームのために、できることを増やす

**実践** 記入例を参考にしながら、自分の自立成長型問題解決法を創ってみましょう

**問題**

**プラス受信**

**自己責任**

**自己改善の手段**

第2章

5つの成長習慣②
〈実行力〉
仕事への意味・価値

# 自分クレドを考える①

## 自分自身の行動指針を考えよう

◎**クレドとは**

クレドとは、「志・信条・約束」という意味のラテン語が語源です。

組織活動の意思決定や、行動のよりどころ（規範）としているもので、企業全体の従業員が心掛ける行動指針のことです。

クレドを創り企業の従業員一人一人に周知することで、自ら考えて積極的に行動できる主体的な考えを持つ従業員の育成や、育成による従業員のモチベーションアップにつながります。

**クレド➡逆算思考**

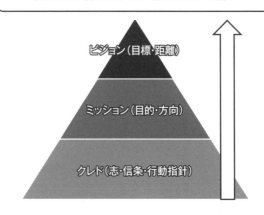

個人クレド・個人ミッション・個人ビジョンを創る

ビジョン（目標・距離）

ミッション（目的・方向）

クレド（志・信条・行動指針）

従業員にその信条が浸透することにより、そこの中から組織にとって必要とされるリーダーが育成されていきます。

リーダーとして、会社の率先垂範になることが非常に大切であり、そのためにもしっかりとした自分クレドを創り、行動する上での価値観や原則にしていきます。

企業で創るのが一般的ですが、これを個人で創るということです。

自分がどんな人生を歩んでいきたいのかの逆算で、自分マインドクレドを創っていきましょう（志の自分軸を創る）。

**具体的には次の順番で創ります。**

1. これからの人生の成長の中で、大切な人から「言われたい」「言ってもらいたい」言葉を真剣に考えて、ランダムに100個挙げ、プラットフォームを創ります。
2. そのプラットフォームの中から時間をかけて本当に自分が「成長する言葉」「言ってもらいたい言葉」を厳選して、5つに絞ります。そして、行動指針としてまとめていきます。

これは、自分の人生は自分で決めるわけですから、自分は何が大切でどうなりたいかは、自分で創るからこそ意味があります。

（例）自分クレド（志・信条・行動指針）

● 全ての言動を自分自身の成長につなげる
● 自己中心から他者中心で素直に生きる
● ボトムアップ理論でお役に立つお手伝いをして、新世界を本気で創る
● 世の中に誠心誠意をもって貢献する
● 毎日ワクワクの人生を過ごし、常に携わる方々に感謝をもって生きる

こうして創った自分クレドは、自分の行動の羅針盤にもなります。自分が人生の中で困ったときや、どの方向に進んだらいいのだろうと悩んだときに、このクレドを見返せば、おのずと自分の進む方向が見えてくるでしょう。

## 自分クレド（志・信条・行動方針）の作成

**記入例**

ボトムアップ理論で自分自身の「成長」につなげる

自己中心から他者中心で「素直」に生きる

「愛と感謝」であふれる毎日を過ごす

世の中に誠心誠意をもって「貢献」する

人や世の中の「お役に立つ」を基準に生きる

**実践** 記入例を参考にしながら、前ページの順番で自分クレドを創ってみましょう

# 自分クレドを考える②

## 自分のクレドと会社のための行動を結びつける

### ◎会社の仕事とつながれば、仕事に身が入る

　自分クレドができたら、日ごろの行動に結びつけます。最も結びつける必要があるのは、会社でのリーダーとしての仕事でしょう。日々、会社で行っている仕事を通じて、自分の人生の目標を達成できるのなら、がぜん仕事に身が入ります。

**具体的には次の順番で創ります。**
動機・成長・変化・未来シートに書き込む
　➡最終的には、短い文章にまとめる

（動機）　Q1　なぜ、あなたは今の会社に関わろうと思ったのですか。

（成長）　Q2　今の会社の活動によって得た成長とは何ですか。

（変化）　Q3　今の会社を通じて何を得たいのですか。

（未来）　Q4　これから何を実現したいですか。どうありたいですか。

　会社のために自分自身はリーダーとしてどのように業務を遂行するか、自分クレド（具体的な行動指針）があると、自信を持って主体的な業務に取り掛かれるだけではなく、モチベーションアップにもつながることでしょう。

## 会社の仕事につながる自分クレドの作成

会社の経営理念、企業理念に対して、どのように会社の仕事をすれば、自分クレドと結びつくのか考えてみてください

1. 動機・成長・変化・未来シート〜最終的に短い文章にまとめましょう〜

**動機** Q1 なぜ、あなたは今の会社に関わろうと思ったのですか?

**成長** Q2 今の会社の活動によって得た成長とは何ですか?

**変化** Q3 今の会社を通じて何を得たいのですか?

**未来** Q4 これから何を実現したいですか? どうありたいですか?

2. 会社の仕事につながる自分クレドを整理し、書き込みましょう

※左のページの動機、成長、変化、未来を文章にまとめる
　そのときにP52で決めた自分クレドとズレないようにする

# 自分ボトムアップキャンバス

### 自分クレドを土台に、仕事に対しての目的・目標を創ろう

## ◎自分自身のボトムアップキャンバスを創る

全ては「やり方」の前に「あり方」があります。「やり方」つまり実践方法を習う前に、基礎基本となる土台をしっかり創っておく必要があります。その土台が「あり方」です。

目的がいかに大切かということです。ミッションを創る前に、「クレド（信条・行動指針）」を創ってもらいました。1番の土台（自己価値観）にして、思いを連動させて創っていきましょう。

「何のためにそれをするのか？」「どんな思いでそれをするのか？」「どういう心構えでそれをするか？」が明確になっていないのに、方法だけ追求してもうまくいきません。

このボトムアップキャンバスを通じて「何のためにやるのか？」と向き合うと同時に、航海における「地図」「コンパス」「ナビ」を見つけ、ボトムアップ理論で成果を出す「全員がリーダー」になりえる軸を創っていきましょう。また、このキャンバスを創るときは複数人で行うとよいでしょう。

## ◎ボトムアップキャンバスの使い方

質問を通して、あなたの「地図」「コンパス」「ナビ」を見つけることができます。徐々にリーダーとしての人間力を高めていき、組織の輪を広げ、組織全体の方向性や取り組みについて、関わる各リーダーと共有していきましょう。

次のSTEP1 ➡ STEP6の順番で進めていきます。

## STEP1【質問に答えるときのルールを確認する】

1. 質問の答えは全て正解
2. わからないも正解
3. 他の人の答えも受け止める

## STEP2【全体像を把握する】

　P52で決めたあなたの自分クレドを軸に、仕事に対してのミッション・ビジョンの考えを創り上げます。大きな「質問」に答えるため、参考となる文章やワークシートを用意しています。

## STEP3【ワークシートに答えを書き込む】

　思考を整理するためのワークシートを用意しています。「質問」の答えは頭の中で思考するだけでなく、実際にアウトプットすることで、より自分のものになります。自分の内側から生まれた考えや思い、アイデアをシートに書き込みましょう。

## STEP4【質問の答えを伝え合う】

　関わるメンバーとの対話で、自分軸を振り返れます。一人で考えるだけでなく、仲間や多くのメンバーと質問の答えをシェアすることで、自分らしい答えがより明確になっていきます。

## STEP5【大きな質問に答える】

　「大きな質問」を用意しています。これが清書であり、ミッション・ビジョンにおける自分軸になります。

## STEP6【ボトムアップキャンバスを描きリーダーとしての自分軸を決める】

　ミッション、ビジョンのキャンバスを完成させましょう。企業の経営理念に向かうために、自分軸になる「ミッション」「ビジョン」に大きな質問の答えを書き込むことで、全体像を俯瞰することができます。一度創って終わりではなく、習慣にして何度も重ねることで、ブラッシュアップしていきましょう!

## ◎整理しておきたい2つの「ジリツ」

「自立」と「自律」は、区別があいまいに使われがちですが意味が異なります。

「自立」が能力や経済力、身体といった〝外的な〟要素の独り立ちを表すのに対し、「自律」は価値観・前提・信念・理念・哲学といった〝内的な〟要素の独り立ちを意味します。

ハイハイをしていた赤ちゃんがやがて2本の足で立ち上がることを「自立」といい、立ったあとに自らの意志で方向づけして歩いていくことを「自律」といいます。

航海でたとえると、自立は船を創ることであり、自律はコンパス（羅針盤）を持つことです。


## ◎MAKE OUR MAP 地図を創る

### 1．ミッションを明確にする（WHY）

ミッションを明確にするとは、ビジョンを実現するために、あなたのチームが存在する目的や、果たすべき役割を明らかにすることです。ミッションを明確にすることによって、あなたのチームが困難に直面したときのよりどころになる大樹のような帆柱を得られます。

「何のために（WHY）」を意識して、チームの目的や存在意義、活動の対象、テーマ、社会におけるポジションや役割について考えてみましょう。

※自分クレドと連動させてみましょう。


**まず、質問に答えていきましょう。**

Q1 なぜ、今の仕事（活動・スポーツ）をしていますか？

Q2 携わったきっかけは何ですか?

Q3 あなたの会社(活動・スポーツ)での役割は何ですか?

Q4 あなたは、仕事(活動・スポーツ)を通してどんな感動、成長がありましたか?

Q5 あなたは、社会にどんな貢献をしたいですか?

Q6 あなたの会社(チーム)は、なぜ存在しているのですか?

**Q1～Q6の答えを1つの文章にまとめましょう。**

Q. 私はどんな思い、どんな心構え、何のために仕事をしているのか?

①ミッション(WHY)

(自分の仕事に対するミッション)

## 2. 実現したい理想の未来を描く（ビジョン・WHAT）

　実現したい未来を描くことは、あなたが実現したい未来のイメージを言葉に表すことです。未来を描くことによって、あなたは果てしない航海の先にある色あせない究極のゴールを手に入れることができます。

　「誰が（Who）」「何が（What）」「どのように（How）」「ある（Be）」などの要素を意識して、組織にかかわるヒト・コト・モノがどのような状況・状態であることが理想なのかを考えてみましょう。

※自分クレドと連動させてみましょう

**まず、質問に答えていきましょう。**

Q1　どんな未来を実現できたら最高ですか？

Q2　どんな人が周りにいますか？

Q3　どんなことに幸せを感じていますか？

Q4　どんな困難がありましたか？

Q5　どうやって乗り越えてきましたか？

Q6 なぜその未来を実現したいのですか?

**Q1～Q6の答えを1つの文章にまとめましょう。**

Q. 私はどんな未来を実現したいのか?

②ビジョン(WHAT)

(自分の仕事に対するビジョン)

【自分ボトムアップキャンバス】(P59の①ミッション(WHY)と②P61のビジョン(WHAT)を整理して書き込みましょう)

①ミッション(WHY)

②ビジョン(WHAT)

　自分クレドと合わせて、この仕事に対してのミッション、ビジョンの自分軸を大切に、リーダーとして行動するときの「地図」「コンパス」「ナビ」に、また、行き詰まったときや、振り返りたいときの羅針盤にしてください。
　リーダーだからこそ、しっかりとした自分軸を持ち、仕事に対する目的・目標を忘れないようにしましょう。

# 第３章

# ５つの成長習慣③
# 〈やる気力〉
## 仕事へのエンゲージメント

## 挑戦・感謝・承認する①

### 挑戦なくして成長はありえない

#### ◎挑戦できたこと＝成長

　ボトムアップ組織を創るための第3のやる気力は、「挑戦」「感謝」「承認」の成長習慣です。この3つのマインドを身に付けることで、周囲からあれこれ言われなくても、意欲が高まり、自発的に行動できるようになります。

　ここでは成長を成功とも捉えて少しお話ししたいと思います。

　まずは「挑戦する」成長習慣から。

　挑戦することなくして、会社のメンバーの成長はありえません。失敗を恐れずに勇気を持って挑戦しなければ、成長のチャンスはないからです。

　とはいえ、それがわかっていても、失敗が怖いと感じてしまい、挑戦できない人は少なくありません。

　そこで、成長習慣によって、

　「結果がどうあれ、挑戦すること自体が成長」

　「最大の失敗とは、挑戦がうまくいかないことではなく、挑戦しないこと」

という考え方を植え付けていく必要があります。もちろん、あなた自身も持たなければならない考え方です。

#### ◎失敗と成功は分岐ではない

　失敗と成功の考え方として、「失敗と成功は分岐する2本の道ではなく、1本の道である」という感覚を、メンバー間で共有することが重要です。

　次ページの図を見てください。一般的には、何かに挑戦したとき、失敗か成功の道が左右に分かれており、どちらか一方に進んでいくようなイメージがあります。

しかし、本当の挑戦は、失敗と成功が1本の道でつながっています。失敗、失敗、失敗、失敗があって、その先に成功があるのです。いきなり成功ということはほとんどあり得ず、必ず1回以上は失敗します。

　要は、失敗を重ねなければ、成功への道はたどれないのです。

### 失敗と成功は2本の道に分かれているのではなく
### 1本の道で繰り返されている!

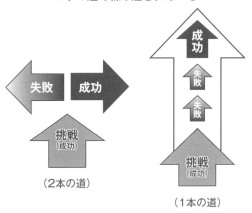

　たとえばエジソンの電球の発明はその典型です。1万回失敗したけれども、「いやいや、私は失敗していない。うまくいかない方法を1万通り発見しただけだ」と言ったそうです。

　つまり、失敗と成功は1本の道だからこそ、うまくいかなかったことを「失敗」と捉えなかったというわけですね。

　このように、文化や文明を変えてきた人は、皆、うまくいかないことを積み重ねた結果、成功を手にしているわけです。これが、古今東西変わらぬ、失敗と成功の方程式なのです。

　「未来は変えられるけど、過去は変えられない」という言葉がありますが、実際は、過去は変えられます。捉え方を変え、問題に粘り強く取り組み成功させ

れば、それまでの失敗も「成功へのプロセス」「成功へのヒント」に変えられるのです。

　そのような考え方を持つことで、チャレンジを恐れなくなるでしょう。

# 挑戦・感謝・承認する②

## 「トップボトムアップ」が挑戦を加速させる

### ◎リーダーによる外発的な指導から内発的な動機づけへ

職場のメンバーが挑戦することを習慣づけるためには、リーダーによる、挑戦できる環境創りも重要です。

いくらメンバーがやる気になって挑戦したとしても、上司に「あれは駄目だ、これは駄目だ」と言われたら、挑戦する意欲を失ってしまうからです。そんな環境では挑戦する習慣などつくはずがありません。

ではどうすれば、メンバーが積極的に挑戦する環境を創り出せるのでしょうか。

そのために「**トップボトムアップ**」が必要となるのです。

「トップボトムアップ」とは、「トップダウン」と「ボトムアップ」を融合させた、私独自の理論です。

大きく分けて、仕事には「やらされる仕事」と「やる仕事」の2つがあります。

「やらされる仕事」は、外発的動機づけでやる仕事。つまり「お金がもらえるから」「やらないと怒られるから」「評価されるから」というような動機でするものです。

一方、「やる仕事」は、内発的動機づけで行う仕事。「好きだから」「ワクワクするから」「うまくなりたいから」というように、自主的に行う仕事です。

外発的動機づけだけで人を動かし続けるのは不可能です。部下の動機づけのために給料を上げたりボーナスを支給したりするにも限界がありますよね。

そのため、全てのメンバーが内発的動機づけで働く状態になることが理想ですが、いきなりその状態に持っていくのは至難の業です。

そこで必要なのが、リーダーが、「**トップボトムアップ**」によって、部下を内発的動機づけへと導いていくことです。

　そのもとになっているのは、心理学者のエドワード・デシとリチャード・ライアンが提唱した「自己決定理論」です。

　この理論によると、人間の内発的動機づけは、

　　● 自分で自分の行動を決めたい（自律性）

　　● 自分が有能であることを感じたい（有能感）

　　● 他者と良い関係を築きたい（関係性）

という3つの欲求が満たされることによって生み出されるといいます。

　この状態を創り出すために、まずは外発的動機づけからはじめて、徐々に内発的動機づけを生み出そうというのが、「トップボトムアップ」の考え方です。

## トップボトムアップ

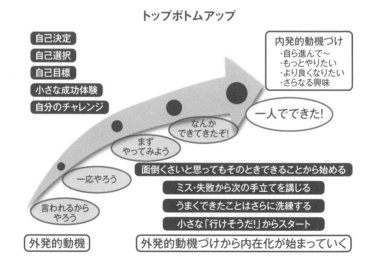

まずは、トップダウン式で部下に「やらされる仕事」から始めてもらいます。それによって小さな成功イメージを積み重ねてもらうことで、有能感を満たしていきます。そのためには、上司のさりげないサポートや評価を与えることも必要になるでしょう。

　こうして仕事をしていくと、部下は「もっと自分でやってみたい」「より良くしていきたい」というモチベーションを持つようになります。それを見極めて、徐々にその人に仕事を任せていくのです。つまり、トップダウンからボトムアップへの移行です。

　こうして自分で自分の行動を決める自律性や、関係性を満たしていくわけです。すると、前ページに掲げた3つの欲求を満たせるので、内発的動機づけが生まれます。


## ◎リーダーは部下の「限界のフタ」を取る（思い込みのフタ）

　メンバーが挑戦する習慣を身に付けるために、もう1つ、リーダーが行うべきことは、部下の「限界のフタ」を取ってあげることです。

　限界のフタとは、自分で自分の能力の限界を決めてしまい、「それ以上のことは自分にはできない」と思い込むことです。ほとんどの場合、人間はそれ以上の能力を持っているものですが、過去の経験から自分を過小評価してしまうのです。

　このように思い込むと、「きっと失敗する」と考えてしまい、本当はできることでも、挑戦しなくなってしまいます。


　実は、限界のフタは人間だけに限った話ではありません。アメリカで行われた、ノミを使った実験の例です。20cmの高さまで跳べるノミを、1000匹ほど、高さ10cmのビーカーの中に入れて、3日間閉じ込めました。

　そして3日後にビーカーのフタを開けたら、興味深い結果が出ました。

　1000匹いたノミが、1匹たりとも、10cm以上の高さを跳べなくなり、外に出られなくなってしまったのです。

　なぜこんなことが起きたかというと、3日の間、10cm以上跳べなかったこ

とで、10cmが限界だと思いこんでしまったからでしょう。

まさに限界のフタを閉めたことで、自分の能力を過小評価するようになってしまったわけです。

人間は多かれ少なかれ、このような限界のフタを持っています。リーダーはその存在に気づいて、そのフタを取ってあげることが大切です。

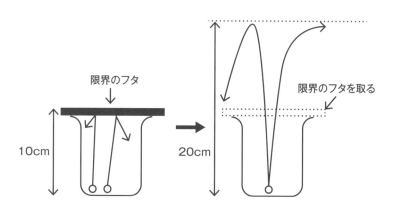

### ◎カーネル・サンダースが大成したのは65歳から

部下の限界のフタを取る方法の1つが、「不可能だと思われることを可能にした」人間のエピソードを語ることです。

私がよく話すのは、ケンタッキーフライドチキンの創設者であるカーネル・サンダースの例です。

彼が、世界約6000店舗の一大チェーンを創りあげ、大成功を収めたことは言うまでもありませんが、彼がケンタッキーを創ったのはなんと65歳のとき。

それまでは、40種以上の職を転々とした後、経営していた会社を倒産させたり、店舗が火事にあったり、息子さんを事故で亡くしたり、と苦難の人生を歩

んでいましたが、そこから人生を大逆転させたのです。

　65歳からでもこれだけの大事業を成し遂げられるのですから、それ以下の年代の人たちがやってやれないわけがありません。

　私のボトムアップ理論を学ばれた佐々木康太学園長が率いる、広島の「リトルニュートンインターナショナル幼稚舎」という幼稚園では、通園する3歳児全員が逆上がりができ、6段の跳び箱も皆バンバン飛んでいきます。

　そんなことができるのは、「脳育」を実践し、子どもたち自身が限界のフタを持たず、「自分はできる」と思っているからです。そう思っている子が周りにいることで、周囲も「じゃあ自分もきっとできる」と自然に思うようになります。

　これは子どもに限らず、大人にも同じことがいえます。リーダーが「私は、あなたはできる人だと知っている」という可能性を信じるような言葉掛けを続ければ、部下たちは自分にフタをせずに成長を続けることでしょう。

　本人の「自分はできる」と、指導者の「あなたはできる」が重なったとき、シナジー（相乗効果）が起こるのです。

　ここまでやる気力の「挑戦」についてまとめてきました。

　それでは次ページのワークに入っていきましょう。記入例を参考にしながら、自分なりの3カ条を創っていきましょう。そして具体的にアウトプットできることを記入してみましょう。

ボトムアップ  挑戦

## 3カ条

**記入例**

(1) まずやってみる

(2) 失敗を恐れない。ワクワク楽しむ

(3) できるまで続ける（あきらめない）

アウトプット（具体的に）

トライ&エラーを繰り返して成長するのでランニング10kmを50分で走りきる。なかなか達成できなくても、楽しみながら、続けてトライしてみる。

**実践** さあ自分で挑戦の3カ条を創ってみましょう

(1)

(2)

(3)

アウトプット（具体的に）

## 挑戦・感謝・承認する③

人に感謝することが明日へのパワーを生む

### ◎感謝すると自分のためになる

第3のやる気力の2つ目は、「感謝する」習慣です。

**人に感謝することは、実は、自分のためになります。**人に感謝するようになると、周囲の人たちのおかげで自分が生かされていることに気づき、仕事に対して積極的に挑戦できるようになります。

挑戦すると成長でき、成長することで夢を叶えられる―。感謝を原点に、そんなサイクルを生み出せるのです。

### ◎感謝する習慣の「アクティビティー」を取り入れよう

スタッフみんなで感謝の力を実感するために、感謝する習慣の「アクティビティー」を取り入れるのもおすすめです。使用するのは、次ページのワークシート。

感謝する人を8人書き出し、その人を喜ばせたい理由や感謝を伝えたい理由を書いていくのです。会社のスタッフ、お父さん、お母さん、恩師、友人……。誰でも構いません。時間は10～15分ぐらいでよいでしょう。

次に、その8人の中から、一番感謝したい人へのメッセージを書きます。

○○○さんへ、から始まり、「いつも自分を支えてくれてありがとうございます」「いつも見ていてくれてありがとうございます」「先生に会わなければ、いまの自分はありませんでした」などと書いていくのです。

そして、その作文を誰かの前で読むのです。

恥ずかしい気がすると思うのですが、声に出して読んでいるうちに、感謝の気持ちで満たされていきます。それを聞いている人たちにも感動が波及していきます。すると、自分がいま生きていることに感謝するようになり、「仕事頑張らなきゃいけないな」と明日へのエネルギーが満ちあふれてくるでしょう。

## 感謝ワーク

| | 名前 | 喜ばせたい理由・感謝を伝えたい理由 |
|---|---|---|
| ① | | |
| ② | | |
| ③ | | |
| ④ | | |
| ⑤ | | |
| ⑥ | | |
| ⑦ | | |
| ⑧ | | |

## 続けて、前出の8名の中から一番感謝したい人を選び、
## その人への感謝の手紙を書きましょう

大好きなお母さんへ

　今年で僕は57歳になります。元気に生んでくれてありがとう。いつも支えてくれていることを感謝します。

　学生時代はサッカーに全力で、特に高校時代は広島から県外にチャレンジするときも、思い切って背中を押してくれて毎週のように広島から静岡まで父と一緒に応援に来てくれていた姿は忘れません。今となってはそれが当たり前ではなかったことに気づきました。

　教員になりサッカー部監督として苦労もありましたが、いつも気持ちいい言葉がけで支えてくれていたおかげで日本一の高校サッカーの監督にもなれました。いつしかサッカー部監督としてのイキイキした姿をお母さんに見てもらいたくて続けていく自分がいました。

　今は教員を退職し、ボトムアップ理論を全国の方々のお役に立つために貢献していくことを心に決めて活動していますが、お母さんから学んだ「支えること」を大切に世の中の支援者として生きていきたいと思います。

　お母さんも83歳になりますが、いつまでも元気でいてください。そのために今度は僕がイキイキした姿をお母さんに見ていただき、毎日の活力になれるように前進していきます。

2023年1月11日

畑 喜美夫より

実際に感謝の手紙を書いてみましょう

## ◎仕事の前に感謝する人を２人思い浮かべる

こうして感謝が与えるエネルギーを感じられたら、感謝を習慣づけましょう。

私がおすすめするのは、仕事の前に、感謝する人を２人決めて、「この人のために取り組む」と考えることです。だいたいの場合、１人は「自分」にするのですが、それでも構いません。重要なのはもう１人つくることです。

自分だけのために頑張ろうとすると、だんだんエネルギーが枯渇してくるのですが、もう１人の感謝する人を意識すると、「支えてくれているお母さんのために頑張ろう」「子どもたちのために頑張ろう」と新たなエネルギーを得ることができます。

自分のためだけではなく「この人のため」というものを具体的につくることで、自分を突き動かす原動力が得られるのです。

また、寝る前に、今日会った中で感謝する人を３人思い描く。そして感情をつける。これを毎日習慣づけるのもよいでしょう。すると、翌日へのパワーが生まれます。

感謝する習慣は手軽にできるので、ぜひ習慣にしていきましょう。

# 挑戦・感謝・承認する④

## 「感謝絶対量」を最大化する

### ◎「感謝絶対量＝上司×同僚×お客さま」

　誰かに感謝する一方で、感謝される機会を増やすことも、内発的動機づけを高めることにつながります。責任者やお客さまからの感謝の言葉と活動のフィードバックを受けると、生産性・効率は上がるものです。

　そのためには、本人が他人から感謝されるようなことをするのは当然ですが、そのような行いを部下や同僚がしたときには、目に観える形で感謝を表現するべきです。しかし、それが必ずしも可視化されているとは限りません。

　そこで、リーダーの出番です。リーダーは、感謝が可視化される機会を創る演出家となることが重要です。

　感謝の絶対量は「上司×同僚×お客さま」で決まります。それぞれ感謝の量を増やすことが重要です。

1.上司からの感謝

　「MVPや優秀賞をつくる」「SNS上で名前を入れて感謝する」「メールで直接感謝する」「朝礼の場でねぎらう」など、感謝の言葉をどんどん部下に投げかけていきましょう。

2.同僚からの感謝

　横つながりの感謝の機会をつくるのも大切です。たとえば、「いいね! BOX」（85ページ参照）はその1つ。毎日退社するときに、その日に「いいね!」と感じた人の仕事ぶりをカードに書いて、設置した「いいね! BOX」に入れるのです。

　また、誕生月にお祝いをして、その人に対してスタッフが日ごろの感謝を伝えるのもよいでしょう。そうすることで、チームエンゲージメント（絆）が高まっていきます。

3.お客さまからの感謝

　お客さまからの感謝も、スタッフの大きな力になります。直接、あるいはネットで感謝のコメントをいただいたら、ホームページやSNSに載せたり、店やオフィスの壁に掲示したりして共有しましょう。

　私がコンサルティングをしている飲食店も、お客さまのコメントは全て、社員のグループLINEに載せるようにしています。

　スタッフは「昨日のメッセージうれしかったな」「また、次にそういう声をもらえるように頑張ろう」とモチベーションを高めています。

　重要なのは、このような感謝を伝える機会を、思いつきで創るのではなく、仕組みや仕掛けで創り出すことです。

　そうすると、感謝の絶対量が増えていきます。感謝は感謝を呼ぶので、感謝があふれると、相手の良いところを見るようになり、より感謝をするようになります。

## 感謝が全ての原点

- ● 感謝があるから挑戦することができる
- ● 挑戦することができるから成長することができる
- ● 成長するから夢を叶えることができる

## 挑戦・感謝・承認する⑤

### 部下の自己実現を促す承認とは

◎承認欲求を満たさないと、次の段階には進めない

第3のやる気力の3つ目は「承認する」習慣です。

有名な「マズローの欲求5段階説」では、人間の欲求を5段階のピラミッド型で表しています。一番下の「生理的欲求」が満たされると、次の「安全欲求」を欲するというように、順々に欲求の段階が上がっていきます（次ページの図参照）。

第1段階は、食べたい、寝たいなどの本能的欲求である「生理的欲求」。次に、身の安全が保証されたいという「安全欲求」。第3段階が、会社や自宅での居場所を確保したいという「社会的欲求」。そして、第4段階にくるのが「承認欲求」です。

承認欲求とは、「周囲から認められたい」「尊敬されたい」という欲求のことです。

これが満たされると、第5段階である「自己実現欲求」のレベルに上がります。ここまでくると、他者や外部への依存がなくなり、「会社のために貢献したい」「自分を成長させたい」という意欲を持って、自らどんどん動くようになります。

さらにそこまで満たされると、今度は「自己超越」の段階に入り、「人のために役に立ちたい」という欲求になります。「個人的成功」ではなく、「公的成功」「全体成功」を追い求めるようになるのです。

ボトムアップ理論では、スタッフが自ら率先して動くようになることを目指しますが、そうした人たちは第5段階の「自己実現欲求」、あるいは「自己超越」の段階に入っているといえます。

そこに至るのに重要なのが「承認欲求」です。社会的欲求までと比べて、承認

欲求を満たすのは難しいからです。

　人間は、下の段階の欲求を満たさない状態で、上の欲求を満たすことはできません。

　つまり承認欲求を満たさないことには、自己実現欲求にも自己超越にもたどりつけないのです。スタッフの承認欲求を満たすには、感謝習慣と同様に、こちらもリーダーの環境創りが必要です。次ページで解説しましょう。

## マズローの欲求5段階説

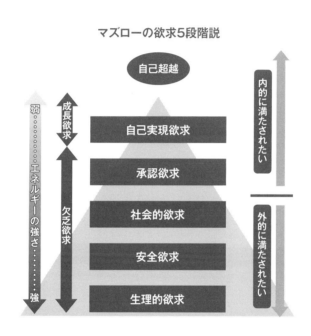

## ◎承認と「褒める」は違う

承認習慣を創り出すためには、そもそも「承認」とは何かを知っておきましょう。

承認欲求とは「周囲から認められたい」「尊敬されたい」欲求だとお話ししました。こう聞くと、「承認された」と感じるには、周囲から称賛を浴びたり、褒められたりすることが必要のように思えます。

そう考えると、「そんなに褒めることなんてないのだけどな……」と思うかもしれません。仕事をしていても、特定の個人を褒めるほどの、良いパフォーマンスが出るのは、せいぜい1週間に1回あるかないかだと思います。

それにもかかわらず、無理やり褒めようとすると、不自然になります。褒められたほうも「本心で褒めているのか……?」と疑うようになり、何を言っても疑うようになるでしょう。

もっとも、承認はそこまでいかなくても構いません。実は「ありのままの真実を伝えるだけ」でも十分なのです。

たとえば、「毎朝、気持ちのいい挨拶をしてくれてありがとう」「いつもちょっと早めに来てさすがだね」。こうした当たり前のことを言い伝えていくのです。

すると、相手は常に高パフォーマンスを挙げていなくても、「自分の存在価値を認められている」と感じます。

これを続けていると、承認欲求が満たされていくのです。

承認の利点は、褒めるポイントがまだない段階のときにできること。また、毎日でも、どこでも続けられます。特に仕事をはじめて日が浅いスタッフには、この「承認の仕掛け」を創ることが仕事を続ける理由になるのです。

逆に言うと、離職率の高い職場は、この承認の習慣や文化がないケースが多いのです。人が辞めない職場を創りたいなら、どんどん承認する文化を創ることが非常に大切です。

## ◎他者承認は自己承認につながる

　もう1つ「承認」について知っておきたいのは、「自己承認」は「他者承認」によっても起こることです。

　簡単に言うと、他者を承認する発言をしていると、自分のことも承認できるようになり、自分を好きになる、ということです。

　たとえば、人の悪口を言ったときに、あとで「ちょっといけないことを人前で言ってしまったな」と、自己嫌悪に陥ることはないでしょうか。このように、他人に対してネガティブな発言をすると、自分に対してもネガティブな視点で見るようになってしまいます。

　反対に、人を承認していると、「なんか良いこと言えたな、ちょっと良い人になった気がするな」というように、同じ感情が連動してくるのです。

　つまり、承認欲求を満たすためには、他人を承認することを習慣づけるのが効果的です。


## ◎自己実現を目指して

　ほとんどの会社・組織が自立型人財を求めています。自立型人財は世の中に暮らしている人の中で、先天的な人財ではありません。承認によって自立型にたどり着いた人たちです。承認は、一度すれば効果が出るものではなく、毎日、薄紙を一枚一枚積み重ねていくような作業です。これを毎日積み重ねていったとき、その受け取った承認メッセージが自己実現の欲求を満たし、誰もが自立型に変わっていくのです。

　自立型はこの承認欲求が満たされたときにたどり着けるところであると、私たちは理解しなければなりません。

　自立する特徴や性格を持っている人がこの世の中にいるのではなく、この前の段階の承認欲求が満たされたとき、全ての人が自立型の人財になれるということを私たちが知れば、承認というものがいかに現場にとって、そして組織にとって大切な要素であるかがわかるでしょう。

自立型人財が生まれる組織には、承認の文化、カルチャーがあります。

　リーダーがスタッフに対して、良いパフォーマンスのときだけではなくいつも声をかけ、承認のメッセージを常に与え続けていく。

　承認メッセージは実にシンプルです。特別なものではないからです。だから少し見落としがちでもあります。

　その見落としがちだった毎日に当たり前に声をかける。それが大切な承認メッセージだということを理解し、いつもいつも伝え続けていく先に、自己実現はあるのです。

## 挑戦・感謝・承認する⑥

### 「いいね！BOX」で次々と承認を生み出す

◎「いいね！BOX」のハードルを下げる

　ここまでを踏まえて、リーダーはどんな「承認の仕掛け」を創ればよいのでしょうか。

　最も良いのは、序章で説明した「全員リーダー制」を導入することです。

　そうすれば、その人だけの役割ができるので、承認しやすくなります。

　**担当リーダー名と仕事内容を貼り出すだけで、承認を感じることができます**。どういう思いで取り組むのか、何のためにするのかも書いてもらうようにすれば、本人の自覚も促せます。

　さらに日常的に承認を行うなら、「いいね！BOX」を採用するとよいでしょう。すでに述べたように、これは、毎日退社するときに、その日に「いいね！」と感じた人の仕事ぶりをカードに書いて、設置した「いいね！BOX」に入れる仕組みですが、普通にやると、「いいね！」と思うことの基準が上がりがちです。

　そこで、「いいね！」のハードルを下げて、少しでも良いと思ったことは何でも入れていいということにするのです。

　「A君へ、本当にいつもいい笑顔でありがとう。元気をもらえています」、くらいでも入れていいことにするのです。すると、承認の量がどんどん増えていきます。次ページのように、カードを張り出すのも効果的です。

　さらに、この方法の長所は、前述したように、「他者承認」から「自己承認」につながること。他人のことを毎日のように承認すると、自分も承認されているように思えてくるのです。

いいね！BOX

いいね！カードの可視化

## ◎５種類の承認を使い分ける

何を承認していいのかわからない、という人もいるので、次の５つの承認があることを、チーム内で共有するとよいでしょう。

1. 結果承認

   文字通り、出た結果に対して承認することです。特に男性に効果があるといわれています。

2. プロセス承認

   結果よりも「どのようにしてやったか」の過程を承認してあげる。これは女性のほうが喜ぶ承認だといわれています。

3. 行動承認

  結果も出せず、プロセスも承認するところがない、というときには、動き
  出したことだけでも承認するといいでしょう。

4. 意識承認

  やろうとした意識だけでも承認する、ということです。

5. 存在承認

  逃げ出すことなく、ここにいることだけでもすごく大事だ、と承認するこ
  とです。

主に使うのは、1、2、3ですが、時には4、5を使う場合もあります。

### 大きな承認ポイント

```
1. 結果承認

2. プロセス承認

3. 行動承認

4. 意識承認

5. 存在承認
```

  やる気力の「承認」についてまとめてきました。

  それでは次ページのワークに入っていきましょう。記入例を参考にしなが
ら、自分なりの3カ条を創っていきましょう。そして具体的にアウトプットで
きることを記入してみましょう。

## ボトムアップ × 承認

## 3カ条

**記入例**

(1) 笑顔で

(2) その瞬間に

(3) 心を込めて

アウトプット（具体的に）

飲食店でのアルバイト学生が、当たり前に頑張っていることや取り組んでいることを見逃さずに、毎日いろいろな角度から承認していく文化をお店に創る。

**実践** さあ自分で承認の3カ条を創ってみましょう

(1)

(2)

(3)

アウトプット（具体的に）

# 第 4 章

5つの成長習慣④
〈対話力〉
良好な人間関係

# 素直になる①

素直な人ほど細かな点までよく気がつく

## ◎整列したときにつま先が出ていないか

第4の対話力は「素直になる」成長習慣です。素直とは、「心が澄み切っている状態」と言い換えてもいいでしょう。

ボトムアップ型組織のメンバーにとって、「素直」であるかどうかは非常に重要なことです。なぜかというと、素直でないと、人に合わせることができないからです。そういう人ばかりでは、ワンチームの組織は創れません。

その人が素直かどうかわかる、面白い実験があります。

研修や朝礼のとき、横一列に整列してもらい、一番右の人のつま先に、みんなそろえて立ってもらうのです。そうすると、そろえられる人もいれば、1cm

ぐらい前に飛び出している人もいて、中には3cmぐらいズレている人がいることもあります。

　実は、このズレは素直かどうかのバロメーターになります。素直でない人ほど、大きくズレてしまう傾向があります。

　なぜなら、**人に合わせる感覚がゆがんでいるからです**。合わせられないのは、実は社長などの地位が高い人が多いです。社長は、「周囲が自分に合わせるのが当たり前」と考えがちなので、そうなってしまうのですね。

　たかがつま先と思うかもしれませんが、この程度のことを合わせられないというのは、かなり素直な心を失ってしまっている、といってもいいでしょう。


## ◎素直な人は問題を発見できる

　素直で心が澄み切っている人は、人に合わせられるほかにも大きな長所があります。それは、細かいことによく気づくことです。

　だから、周囲に目配り、気配り、心配りができます。つま先の話に関しても細かいことに目がいくからこそ、合わせられるといえます。

　さらにいえば、素直な人は、さまざまな問題にも気づくことができます。心がきれいなので、「これはいけない」ということに気づけるのです。

　言い換えると、**心の信号機がきちんと作動している**ということでしょう。止まるべきときは赤信号、注意したほうがいいときは黄信号が灯るので、大きな事故になる前に問題を改善できます。

　気づいていないとき、本当に気づいていないこともあれば、気づかぬフリをしていることもあるでしょうが、結果として、問題はどんどん大きくなり、手遅れになってしまうのです。


## ◎素直さとリスク

　細かいミスは放っておけばおくほど、取り返しのつかない大きなミスにつながります。私がよく例で出すのは陸上の短距離走の話です。

100m走の日本記録9.95秒を出した山縣亮太選手は、日本記録を出したからオリンピック日本代表選手に選ばれたわけではありません。予選があり、そこで3位以内に入れば選出されるというレースに出場しました。オリンピックは4年に一度。ここに人生をかけるわけです。

　そのレースで山縣選手はギリギリ3位に入りました。しかし、その3位と4位の差はものすごく拮抗していました。なんと時間の差は0.001秒。距離にして1cmです。これで人生をかけた勝負が決まったのです。

　この差をどう捉えるか？　これを微差力と呼んでいます。

　ここまで繊細なチャレンジをしていく姿勢、素直に感じる力を、ほかの物事ではどのようにつなげていくかを考えるのです。

　たとえば人間関係では？　荷物整理では？　ビジネスの世界では？

　それを1年、5年、10年後と積み重ねていくことに「わずかな差がものすごい差」になって返ってくるのです。

また「ハインリッヒの法則」をご存知でしょうか。

　これは、1件の大きな事故の背後には、中程度の事故が29件隠れていて、さらにその背後には300件もの小さなミスが隠れているという法則です。

　小さなミスのことを「ヒヤリ・ハット体験」といいますが、この段階で手を打っていれば、大きな事故にはなりません。

## ハインリッヒの法則

（1:29:300の法則、ヒヤリ・ハットの法則）

　いずれにしても、素直な人がいれば、問題が大きくなる前に発見できます。だから、取り返しのつかない事態になることを防げるのです。

　ただし、素直な人がたくさんいるボトムアップ型組織は、問題が次々と出てきます。なぜならこれは問題が多いというよりも、問題が小さいうちに皆が気づいてしまうので、自然と多くなっているのです。そうした問題を改善していくので、いつの間にか良い職場になってきます。

# 素直になる②

「ボトムアップ3S活動」を1日の中に組み込む意味

## ◎素直な心を保つためには、きれいなところをきれいにする

　それでは、どのような習慣を取り入れれば、素直な心になれるのでしょうか。最も取り入れやすいのは「3S活動」。いわゆる、整理・整頓・掃除です。

　私が指導する企業の多くで、この「3S活動」を徹底してもらっています。オフィスやデスクは毎日掃除をし、手荷物も決まった場所にしまうようにしています。

　やり方の違いこそあれ、どの会社でも、3S活動はできるはずです。オフィスや店舗の掃除、机や棚の整理整頓を毎日の習慣として行いましょう。

　ポイントは、自らが「昨日やったから、もういいだろう」などと思わず、たとえきれいに見えても、改めて掃除や整理整頓をするのです。

　なぜ毎日行う必要があるのかというと、心のコンディションを安定させ、素直な心を保ち続けることにつながるからです。

　自分の身の回りの状態と、心の状態は常にリンクしているものです。

　周りの環境がきれいに整っていると、心も澄み切っていきます。清潔なことがうれしいというのもありますが、たとえ小さな仕事だとしても、「一隅を照らす」ことができると、自分に誇りが持てるのです。

　「オフィスのトイレを見れば、その会社の経営状態がわかる」とよくいわれますが、私も企業で講演をするときは、必ずトイレをチェックします。

　そこで感じるのは、トイレの清掃状況と業績は少なからず連動していることです。

　皆さんも思い浮かべてみてほしいのですが、オフィスやトイレが汚いのに業績が絶好調という会社はほとんどないと思います。

## ◎超一流の人は微差力を持っている

さらに、毎日きれいにしていると、ほんのわずかな汚れのような、細かな差異に気がつく（微差力がつく）ようにもなります。アンテナの感度が鋭くなるので、他のことに関しても、細かな違いに気がつくようになるわけです。

超一流の人は、毎日の掃除を日課にしている人が少なくありません。

部下がたくさんいるにもかかわらず、自らトイレ掃除をする社長もいます。

汚いところをきれいにするのではなく、きれいなところを毎日毎日きれいにすることで、心のコンディションを良い状態に保っているのです。

きれいを保つことが心を保つことにつながります。だから、良いパフォーマンスが安定して出せるのです。

1mmにこだわっての荷物整理。「わずかな差」がいずれ「ものすごい差」に

「掃除をしたぐらいで本当にそんなに良い効果があるのか」という人もいるかもしれませんが、冒頭で述べたように、ボトムアップ理論で一番大切なのは、まず行動をしてみること。

　そうすることで、見えないプロセスが変わっていき、見えるプロセスも変わっていくという順序を踏みます。

　スタッフたちには、「まずはだまされたと思って２カ月間挑戦してみて」と言いましょう。理屈はわからなくても、何かが変わることに気づくはずです。

　微差力を大切にしていると、必ず勝利の神様が宿ってくれます。


　ここまで対話力の「微差力」についてまとめてきました。

　それでは次ページのワークに入っていきましょう。記入例を参考にしながら、自分なりの３カ条を創っていきましょう。そして具体的にアウトプットできることを記入してみましょう。

## ワーク7

ボトムアップ  微差力

### 3カ条

**記入例**

(1) 1mmでの整理整頓のこだわり

(2) 全体的にもデザイン

(3) ありがとう、感謝しますと言いながら

アウトプット（具体的に）

今と未来を連動させながら、神は細部に宿ることを意識しながら、まずは自分の部屋から微差力で心も整える。

**実践** さあ自分で微差力の3カ条を創ってみましょう

(1)

(2)

(3)

アウトプット（具体的に）

97

# 共感しながら傾聴する①

### 相手が話したくなるように聴く

## ◎5：5では多すぎる。9割は聴く

　ボトムアップ型のリーダーは、トップダウン型のリーダーとは異なるコミュニケーション力が必要とされます。

　では、「ボトムアップ型のリーダーに必要なコミュニケーション能力」とは何でしょうか。その能力を身に付ける上で必要なのが、「共感しながら傾聴する」ことです。

　コミュニケーション能力というと、多くの場合は「伝えること」にフォーカスされがちです。コミュニケーションのテクニックが書かれた本も、そういう説明が多いのではないかと思います。

　しかし、ボトムアップ型のリーダーは、伝えることではなく「聴くこと」にフォーカスすることが大切です。

　なぜなら、ボトムアップ型の組織はメンバーから意見を引き出すことが重要だからです。リーダーばかり話していたら、部下たちは話す気をなくしてしまいます。

　メンバーの話を誠心誠意理解したいと思いながら聴くことが重要です。

　全会話のうち、5割聴いて5割伝えるでは、伝える割合が多すぎます。9割聴いて1割伝えるぐらいでちょうどよいと考えています。

　教師時代の私は、保護者との面談でもこのような割合を心掛けていました。

　これだけ聴くことに徹すると、相手から共感を得やすくなります。

## ◎「共感しながら傾聴する」とはどういうことか

それでは、リーダーはどのように聴けばよいのでしょうか。

まず意識することは「相手の気持ちに寄り添うように傾聴すること」です。

相手に寄り添うようにして話を聴き、相手の気持ちを理解する。

相手の話に対して、「自分が悔しかったときは……」と自分の話に置き換えるのではなく、「そういうことが、あなたは悔しかったのですね」と受け止めたことを伝える。

そうすることで、相手は「共感してもらえた」と感じ、ますますあなたに話をしたくなります。


## ◎相手が話したくなるような聴き方とは？

具体的には、次のような聴き方をすると、相手が「共感してもらっている」と感じ、あなたにどんどん話したくなります。

ただ、これらは単にテクニックとして使うだけでは効果はありません。誠心誠意聴く姿勢があって、はじめて生きてきます。

逆に言うと、心を込めて聴く姿勢があれば、自然とこのような聴き方になるものです。


まずは真剣な態度、姿勢で聴くことが大切です。椅子に寄りかかっていたり、足を組んでいたり、飲みながら食べながらだと、真剣に聴いてくれているのかな？　という不安を相手に与えてしまいます。

表情もとても大切で、相手の内容に合わせた表情は大切です。真剣な悩み相談で、ニヤニヤして聴いていたら話す気はなくなりますよね。

また相手の話を聴くと同時に、タイミングよく相づちを打つことも重要です。相づちが早すぎていたり、タイミングがズレていると、真剣に聴いていないと感じるでしょう。

次に相手との目線を合わせることが大切です。

よくある光景は、極端な上から目線が指導者に多いという点です。心理的に相手に変に威圧感を与えてしまいます。

大人が子どもと話をするときに、少し腰をかがめてあげると子どもが安心して話をしてくれるように、相手の目線に合わせることが大切です。

また、相手との距離感、角度も大事になってきます。

近すぎず、遠すぎずの距離感です。僕自身は基本1.5m空けます。相手の全体が見える距離に場所を取ります。そうすることで自然に相手の全体像がわかり、イライラして足を小刻みに揺らしているのか？　落ち着いているのかなどがわかります。

また、話す内容によっても距離を変えていきます。良いことを話すときは距離を近づけ、注意するときは距離を離します。

相手との間の空気感を大切にします。心理的な状況も取り入れ、相手にプレッシャーをかけないように、話したくなるような環境創りを意識します。

角度も非常に大切です。正面から話をするのか、斜め45度か、真横に並んで話したほうがいいのかを意識します。

話す内容、相手の心理状態などを分析して、最高な傾聴する環境を創ります。

そして、最後に話の全体像を感じてあげることが大切です。うまく説明できない人も多い中で、部分的に気に食わないところがあった場合も、何を言おうとしているのかを受け止めてあげながら会話をすることが非常に大切です。

常に、自己中心ではなく、他者中心なのです。

ここまで対話力の「傾聴力」についてまとめてきました。

それでは次ページのワークに入っていきましょう。記入例を参考にしながら、自分なりの3カ条を創っていきましょう。そして具体的にアウトプットできることを記入してみましょう。

ボトムアップ  傾聴力

## 3カ条

**記入例**

(1) うなずきながら聴く

(2) 本気で聴く

(3) 姿勢よく聴く

アウトプット（具体的に）

真剣に質問した答えを、相手が持っているのだと本気で意識して明日から取り組む。

**実践** さあ自分で傾聴力の3カ条を創ってみましょう

(1)

(2)

(3)

アウトプット（具体的に）

# 共感しながら傾聴する②

## リーダーはアサーションを駆使する

### ◎嫌いな人の言うことは正論でも聴かない

部下に自分の考えを伝えるとき、強く意識すべきことがあります。

それは「言葉の正しさでは人の心は動かない」ということです。

人は、あの人についていこうと思うときに、その人が何を言ったかではなくて、どういう人物かで決めています。

どんなに良いことを言っても、嫌いな人から言われることは聴けないのに対し、たとえ理不尽なことを言われても、好きな人の言うことなら聴いてしまうのです。

しかし、このことを知らない上司が実に多いと感じます。正論や的確なアドバイスを言えば、部下はいずれその正しさに気づき、耳を傾けてくれると考えてしまうのです。

### ◎自己開示は失敗談を

相手とのコミュニケーションを円滑にするためには、「自己開示」が重要であると、聴いたことがある人も多いでしょう。

自分を素直にさらけ出すことで、相手もあなたのことを親しみやすく感じ、お互いを理解することにつながります。

ただ、自己開示でやりがちな失敗が「昔の自慢話」をすることです。

これは、「昔の俺はこうやって成功した」という成功談や「こんな苦労をした（その結果、うまくいった）」という武勇伝を語ることです。

しかし、生活のあらゆるものが急速に変化する今の時代、ビジネスの環境は、5年前、10年前とはまったく違ってきています。そんな中、5年前、10年前の成功談を聴いたところで、何の参考にもなりません。

「昔はスポーツといえば、休憩なんかほとんどせずに頑張って、根性鍛えてやったんだよ」と言っているようなものです。親しみやすさどころか、「昔のことを引きずっている人」「時代遅れな人」とみなされ、距離を取られてしまうでしょう。

　もし過去のことを話すとしたら、成功談ではなく、失敗体験を話しましょう。

　失敗体験には、今に通ずる法則がありますし、何より「上司もそういう失敗をしてきたんだな」と思えると、自分と同じ人間なんだ、と親近感が芽生えます。上司は、部下に自分の失敗体験を話したがりませんが、勇気をもって自分のことを隠さずに知らせていきましょう。

　話を聴いてもらうためには、「いかに人間関係を構築するか」が重要です。

## ◎いかに相手を尊重し、相手に寄り添うか

　そのためにはまず、今回の【5つの成長習慣】で「人間力」を向上させて、自分の人格をしっかり高めていくことが大切です。尊敬のできない人間の言うことなど、誰も聴いてはくれません。

　また、普段から、相手を尊重し、相手に寄り添うこと。これも前述した通りです。相手の目線で世界を観ようとすることも大切です。それがないと、急に何か言ったところで、相手は話を聴いてくれません。

## ◎私もOK、あなたもOKというスタンス

　ボトムアップには「合意形成」と「相互理解」が不可欠で、自分の思いを言葉でしっかり伝えることができないとミーティングもうまくいきません。

　自分の言いたいことを伝えるには、「アサーション」を意識しましょう。

　アサーションとは、自分も相手も大切にする、気持ちのいい自己表現のことです。

自己表現の仕方には、大きく分けて、次の3つがあります。

1. アサーティブ

　私もOKで、あなたもOKという状態。

　（自他尊重・柔軟に対応・自発的・歩み寄り・自他調和）

2. 攻撃的

　私はOKだけど、あなたはOKでないという状態。

　トップダウン的に指示命令をするので、言った人（＝私）は気持ちがいいかもしれませんが、相手は全然気持ちよくありません。

　（支配的・他者否定的・自分本位・指示命令）

3. 非主張的

　私はOKでないけど、あなたはOKという状態。

　私から見ると「もう好きにやってくれ」と引いてしまっている状態です。

　（他人本位・黙る・引っ込み思案・服従的・卑屈）


## ◎間違った表現の弊害

　この3つの表現の違いをわかりやすく示した例が、長い行列に割り込まれたときの対応です。

　「攻撃的」な対応の場合は、「私はOK、あなたはOKでない」という自分本位で否定的な意識から、「どうして割り込むのか?」「後ろに並べよ!」などと相手に命令するような対応になります。

　「非主張的」な対応の場合は、「私はOKでないけど、あなたはOK」という他人本位の意識なので、割り込みをそのまま黙認するのが典型的な対応です。

　しかし、「攻撃的」な対応をする人も、「非主張的」な対応をする人も、その対応によって生じるデメリットがたくさんあります。

　まず「攻撃的」な対応をする人は、相手の気持ちや意見を受けとめないので、

社内の人間関係が破たんしたり、上下関係がギスギスしたりしがちです。

　自分の意見を通しても、不満や怒りの気持ちが相手の中に残ります。自己表現が「強がり」となり自分の本意とズレる場合もあります。

　そして、「非主張的」な対応の人は、黙認するだけで自分の意見を主張しないため、自分の気持ちが相手に伝わらず、フラストレーションだけが溜まっていきます。

　対等でオープンな人間関係を創ることが難しく、劣等感を抱えたり卑屈な気持ちになったり、相手を恨んだりすることもあります。

　会議のときは何も言わないのに、会議が終わったあと、陰で文句を言う人は、このタイプの典型です。


## ◎アサーティブな対応によって得られるメリット

　一方で、アサーティブな対応をすると、どうなるでしょうか。

　先ほどの事例だと、次のような対応になります。


　「すみません、皆さん並んでいるので後ろに並んでもらえませんか？」「なにかお急ぎですか？」と相手の気持ちも聴く姿勢を見せながら、良い質問をして声を掛けていきます。

このようなアサーティブな対応には、多くのメリットがあります。

　お互いに素直な気持ちや意見を表現するので、意見が異なっても双方が納得できる結論が見つかりやすいですし、互いを深く理解できることで人間関係を良くすることにもつながります。

　**違う意見を知ることで自分の可能性が広がる**ので、コミュニケーションの後に爽やかな気持ちが残ることもあるほどです。

## お互いに主張して、共有できることを見つける

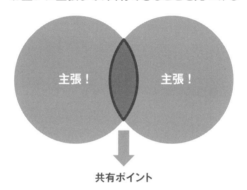

共有ポイント

## アサーティブな反応実践トレーニング

実際の場面を想定しながら、アサーティブな対応を書いてみましょう

### 1.「上司が指示命令ばかりでこちらの意見を聴いてくれない」

(アサーティブな反応)

### 2.「試合で上手にプレーができなくて監督は怒ってばかり」

(アサーティブな反応)

# 共感しながら傾聴する③

アイメッセージで気持ちを伝える

◎「アイメッセージ」で自分の気持ちや考えを伝える

「アイメッセージ」も、自分の気持ちや考えを伝えるアサーティブな表現方法です。これは、何かを伝えるときに、「私」という主語を付けて話すことです。

次の2つの例を比較してみましょう。右側が「私」のある表現（＝アイメッセージ）、左側が「私」のない表現です。

| 私のない表現 | | 私のある表現（アイメッセージ） |
|---|---|---|
| 「君、ちょっと間違っているよ」 | ⇔ | 「私の考えは君の考えと少し違います」 |
| 「わかりにくいんだけど」 | ⇔ | 「私はあなたにもう少し詳しく説明してもらいたいのですが」 |

いかがでしょうか？ 「私」のある表現のほうが、その人の気持ちが的確に伝わるし、柔らかくなると思いませんか。相手への指摘ではなく、自分の思いに言い換えることで、トゲのある言葉が自然となくなっていくのです。

少し前の話になりますが、サッカーのFIFAワールドカップで実際にあったエピソードです。当時の小泉純一郎総理が、ある試合で勝ったときに、日本代表のロッカールームに行って、「**感動した!**」と伝えたことがあります。

それに選手も感動したわけですが、客観的に「よく頑張った!」などと言うより、「私は感動した」と伝えたほうが、相手の心にグッと伝わるのです。

会社勤めが長くなると、「自分の個人的な思いを述べる機会はない」と考えるようになり、アイメッセージが言えなくなるものですが、自分の思いをそのまま表現することは、決してタブーではありません。

たとえば、アイメッセージは誰かに注意をするときにも役立ちます。「なんで

遅刻するんだ!」と怒るより、「あなたの今日の遅刻、私的にちょっと残念だったなー」と伝えたほうが、相手の心に響くものです。

　特に重要なのは、「人・本・旅」によって、当たり前の基準を上げ続けることです。これらは人間の幅を広げます。手本となる人を探し、本を読み、旅をすることで、自分が当たり前だと思っていた人生や仕事の基準は上がっていきます。
　それがチーム内にも浸透し、チーム全体の視点が上がっていくわけです。
　もちろん、この本で紹介し、一人一人のリーダーが実践した成長習慣を、メンバー全員で続けることも必要です。

| 人に会う | ・世界観を広げる（物事の視点）<br>・自分を知る<br>・観察力がつく<br>・言葉を知る |
|---|---|
| 本を読む | ・なぜを意識して読解力をつける<br>・想像力を鍛える<br>・もっと知りたい好奇心が湧く |
| 旅に出る | ・価値観が変化する<br>・非日常から学べる<br>・自分と向きあえる<br>・計画力、行動力が高まる |

　ここまで対話力の「アイメッセージ」についてまとめてきました。
　それでは次ページのワークに入っていきましょう。記入例を参考にしながら、自分なりの３カ条を創っていきましょう。そして具体的にアウトプットできることを記入してみましょう。

## ボトムアップ  アイメッセージ

## 3カ条

**記入例**

(1) 言葉のアクセント、スピード

(2) 顔の表情

(3) ジェスチャーを交える

アウトプット（具体的に）

メラビアンの法則でもあるように話をするときは、ジェスチャーを交え、笑顔で、話に強弱をつけながら。この3つをバランスよく使い、アイメッセージを伝える。

**実践** さあ自分でアイメッセージの3カ条を創ってみましょう

(1)

(2)

(3)

アウトプット（具体的に）

# PDCAを取り入れる①

## 強い組織は勝手にPDCAが回っている

### ◎時代の変化に適応し、生き残るための方法

　これからのリーダーに身に付けてほしい第4の対話力は、「PDCA方式で組織を回す」です。

　「PDCA」はご存知のように、Plan、Do、Check、Actionの頭文字を取った業務改善サイクルのこと。もともと生産の現場で行われていたのが、現在はあらゆるビジネスの現場に広がっています。

　サイクルの内容をおさらいすると、次のような順序で進んでいきます。

　　P（Plan）……仮説を立てて計画をする
　　D（Do）………仮説をもとに計画の通りに実行する
　　C（Check）…仮説通りの結果が出たかを検証する
　　A（Action）…検証の結果、仮説通りならプラスαしながら継続、仮説と
　　　　　　　　　違っていたら新しい計画を練り直す

　この「PDCAサイクル」は、特にボトムアップ型組織の仕事には欠かせません。

　ボトムアップ型の強い組織は、個人的にも組織的にも、PDCAサイクルが勝手に回っています。

　その理由は、「素直になる」習慣（P90〜97）にもつながっています。

　素直な人がいる組織は、細部にまで目が届くため問題によく気づきます。そして問題を改善するための計画と仮説を立て、実行後にすぐ検証して、うまくいったこと・いかなかったことを洗い出す流れが確立しているのです。

また、サイクルをスピーディーに何度も何度も回しています。だから、時代の変化に常に適応し、柔軟に変化して、生き残ることができるわけです。


## ◎質高くスピーディーに回すポイントとは？

　PDCAサイクルで難しいのは、「いかに質を高くスピーディーに回せるか」です。たとえばクレームの電話対応など、職場によっては秒単位で回さなければならない局面も考えられ、瞬時に対応できるようにしなければなりません。

　それでは、どうすればPDCAサイクルを質高くスピーディーに回せるのでしょうか。いくつかのポイントを挙げていきます。


### 1. 問題が見つかったらすぐに取り組む

　当たり前のことですが、問題が見つかっても、「1週間後の会議で取り上げよう」などと言っていては、いつの間にか風化してしまいますし、手遅れになる可能性もあります。

　すぐに取り掛かることが重要です。


### 2.「なぜ」を5回繰り返す

　PDCAで重要なのはCheck（検証）。これが甘いと、問題点の改善ができません。

　うまくいかなかったことが見つかったら、「『なぜ』を5回繰り返す」ことを社内に浸透させましょう。「なぜ」を5回繰り返すのはトヨタ自動車のカイゼンで有名ですね。

　①「なぜ発注ミスがあったのか」
　　→「発注時にきちんと確認しなかったから」

　②「なぜ確認しなかったのか」
　　→「急いでいたから」

③「なぜ急いでいたのか」

　→「納期が迫っていたから」

④「なぜ納期が迫っていたのか」

　→「生産スケジュールの読みが甘かったから」

⑤「なぜ生産スケジュールの読みが甘かったのか」

　→「新しい機械を導入したところ、予想よりも生産効率が悪かったから」

などというように、なぜを繰り返していくと、本質的な問題点・改善点が見えてきます。自分自身で検証するときにも、複数回問いかければ、どうしたらいいのか自分で改善策を見出せます。

## 3. オープンクエスチョンで考えるクセをつける

　クローズドクエスチョンは閉じた質問で、「はい」「いいえ」で答えられる、もしくは回答の範囲が限られている質問のことです。具体的には、次のような質問です。

- リンゴは好きですか？
- 旅行に興味ありますか？
- 昨日は何時に寝ましたか？

　一方、オープンクエスチョンは開かれた質問のことです。「はい」「いいえ」で答えるのではない回答の自由度が高い質問のことです。具体的には次のような質問です。

- お休みはどんなことをしていましたか？
- 将来の夢は何ですか？
- サッカーがうまくなるコツは何かありますか？

2種類の質問は、バランスを考えながら活用することが大切ですが、この場合のPDCAサイクルを回すときには、オープンクエスチョンが非常に有効です。

　何か問題が起きたとき、マネージャーはすぐに指示をしたくなりますが、グッと我慢。「どうしたらいいかな?」というようなオープンクエスチョンをメンバーに投げかけましょう。

　すると、メンバーたちの頭の回転がどんどんよくなって、組織的にPDCAサイクルが回せるようになります。

# PDCAを取り入れる②

場合によっては「DCAP」を併用する

## ◎ PDCAミーティングは全社員で、小刻みに

　PDCAを回すには、組織内での円滑なコミュニケーションが欠かせません。ミーティングを行うときは、できる限り、スタッフ全員で取り組むようにしましょう。限られた社員だけでやっていると、相互理解が進まないからです。

　ミーティングはたまに長時間やるより、短時間のものを頻繁に組み込むことをおすすめします。
　半期に1時間1回程度なら、**毎月10分を6回やったほうが効果的です**。そうしてPDCAを細かく回していくことで、改善点が見つかりやすくなります。

### 個人、組織を高度化

## ◎プライベートなこともやりとりする

　もう1つ、ミーティングで重要なのは、無機質な情報だけでなく、感情、仕事に関係する場合はプライベートなことまでも、しっかりとやりとりすることです。せっかくPDCAを回しても、隠し事があっては業務改善に至りませんし、組織の絆は強くなりません。

　たとえば、家族の問題で仕事に支障をきたしている、というスタッフがいた場合、それを隠していると、改善策を見出せませんし、「水くさい……」となってしまいます。

　そんなことを言うと、「プライベートに介入されたくない」と言うスタッフが出てくるかもしれません。しかし、そうした人も一方では「もっと社員を大切にしてほしい」「もっと自分のことをわかってほしい」という矛盾した思いを持っているものです。

　お互いのプライベートな部分をオープンにするには、自己開示。まずはリーダーがプライベートな部分もさらけ出していくことが必要です。そうすると、スタッフもさらけ出そうという気になるものです。

## ◎PDCAサイクルを回す9つの要素をチェック

　PDCAサイクルをうまく回すためには、組織がきちんと機能しているかどうかもチェックする必要があります。
　その際のチェックシートとして活用できるのが、次ページの図に掲げた9つの要素、「①知識」「②思考力（想像力）」「③協力」「④行動力」「⑤リーダーシップ」「⑥コミュニケーション」「⑦修正力」「⑧柔軟性」「⑨判断力」です。
　これらは組織が機能するために必要な要素です。

また、各項目について「十分に力がある（＝☆）」「ある程度力がある（＝○）」「力が足りない（＝△）」などと記号で表して、自分たちに何が足りないのかを分析してみましょう。

## チームへの9つのキーワード

| | | |
|---|---|---|
| 知識<br>○ | 思考力<br>（想像力）<br>△ | 協力<br>○ |
| 行動力<br>☆ | リーダー<br>シップ<br>☆ | コミュニ<br>ケーション<br>○ |
| 修正力<br>☆ | 柔軟性<br>△ | 判断力<br>△ |

足りない要素を改善していけば、組織がうまく機能するようになり、PDCAサイクルも効果を発揮するようになります。

ポイントは、このチェックもスタッフみんなで行うこと。

社長やリーダー主導のもと、トップダウン的なPDCAになってしまったら意味がありません。現場の社員がしっかりとボトムアップ的にPDCAを回していくことが重要なのです。

ここまで対話力の「PDCA」についてまとめてきました。

それでは次ページのワークに入っていきましょう。記入例を参考にしながら、自分なりの3カ条を創っていきましょう。そして具体的にアウトプットできることを記入してみましょう。

## ボトムアップ × PDCA

### 3カ条

**記入例**

(1) チェックの要素を大切に！

(2) スピーディーに回す

(3) このサイクルを楽しむ

アウトプット（具体的に）
ホワイトボードに黒が計画、赤がチェック、青が改善と分けて、可視化して見やすくし、心理的安全な場づくりもしながらミーティングをスピーディーに進めていく。またチェックは細かく行う。

**実践** さあ自分でPDCAの3カ条を創ってみましょう

(1)

(2)

(3)

アウトプット（具体的に）

## ◎新規事業では「DCAP」を回す

　PDCAサイクルは、さまざまな業務の改善に役立てることができますが、向いていないものもあります。

　それは、新規事業など未経験のことです。

　通常のサイクルはPlanから始まりますが、やったことのない計画を正確に立てるのは誰にも不可能です。

　それなら、計画の精度を上げるより、とにかく見切り発車で実行に移したほうが現実的です。

　そこで、新規事業の場合は「DCAP」の順番で回すとよいでしょう。

　ざっくりと計画を立て、実践していく中で検証し、少しずつ方向性を調整していきます。この場合の計画の完成度は20～30%程度でOKです。

　あとはDCAPを回していきながら、サイクルが一巡するごとに、少しずつ計画の精度を高めていけばいいでしょう。

### Do（実行）から回す

新しいことを始めるときは、
Doから（見切り発車）の場合が良い状況がある

Do
実行

Check
評価

DCAP
で回す

Plan
計画

Action
改善

ここまで対話力の「DCAP」についてまとめてきました。

　それでは次ページのワークに入っていきましょう。記入例を参考にしなが
ら、自分なりの３カ条を創っていきましょう。そして具体的にアウトプットで
きることを記入してみましょう。

ボトムアップ ✕ DCAP

## 3カ条

**記入例**

(1) 未来のゴールを想像する

(2) 考えるより感じる

(3) 迷わずGO－!!

アウトプット（具体的に）
見切り発車的にスタートするので、こうなったらどうしようなど考えずに、思い切ってスタートする。やってみて、後からわかるをワクワクしながら体験する。必ず良い計画が生まれると予祝する。

**実践** さあ自らのDCAPの3カ条を創ってみましょう

(1)

(2)

(3)

アウトプット（具体的に）

# 5つの成長習慣⑤
# 〈セルフコントロール力〉
## 仕事への達成感・貢献度

# シナジーを加速させる①

お互いの違いを認めて、妥協ではない第3の案を創り出す

## ◎シナジー（相乗効果）を生むことが、劇的な成長につながる

お互いが力を合わせることで、足し算ではなく掛け算の化学反応を起こせます。たとえば、一人、一社だけでは得られない第3の案を生み出すことができるのです。

シナジー効果をうまく生み出せるようになると、一人では成果を出せなかった人も、大きな成果を出せるようになります。

その典型的な例が、私が指導した、県立広島観音高校サッカー部です。

スポーツ推薦の選手が集まった私立高校の強豪サッカー部を、公立高校のサッカー部が破って全国優勝できたのは、シナジー効果を最大限に発揮したからです。

具体的にいうと「合同ボトムアップミーティング」によって、試合中にライバルチームと互いの長所や短所を伝え合い、改善し合うことで、紅白戦だけでは得られない気づきを得て、互いにレベルアップできました。チーム内でもシナジーが起こり、相手チームとのシナジーも起こり、お互いに全国大会に出場し、成長していきました。

また、現在GMとして携わっているのが（株）You Homeの飲食部の3店舗です。イタリアンビアバルの「CASCO × ROSSO-カスコロッソ-」と、「おでん・串カツの店：ころん。」と居酒屋「どろん」です。

ここはとにかく、全店舗合同でシナジー効果を創り上げています。社員さんやキャスト（アルバイト学生）が一緒に「合同ボトムアップミーティング」をたくさん取り入れる中で、お互いの長所や短所を認め合い、徹底的に第3の案を生み出し、そしてイノベーションを起こして運営をしています。

普通ならお店同士の売上や利益の競争になりそうなものですが、皆でワン

チームワンファミリーになり、どんどん人が成長して、今まで以上の人財育成、地域貢献のできる素晴らしいお店に成長しています。今ではベンチマーキングで、全国からたくさんお店の見学にこられるようになりました。

このように掛け算にするには、自分のために能力を最大限に発揮することだけではなく、チーム、組織全体のために自分の能力を最大限に発揮することです。これを掛け合わせるのです。またそれに向けての最大限の自己成長に磨きをかけなければいけません。

シナジー効果を加速させれば、関わる全ての人たちがメリットを得られ、ボトムアップ型組織の目指す全ての劇的な成長に近づくことができます。

## ◎互いが違いを認め合うことが第一歩

ただし、シナジー効果を生み出すのは簡単ではありません。

シナジーは、単に2社のノウハウや考え方を合わせて、「まぁまぁこのへんでいいかな」と妥協して生まれるものではないからです。

互いの相違点を明らかにし、妥協なしに、意見をぶつけ合う、いわゆる成長的解決法でないと、化学反応は起こせません。

言い換えれば、認識や価値観、能力が全て共通している相手と話し合ったところで、何も新しいものは生まれないのです。

相違点にこそ価値がある、というのが、成長的解決法の根幹の考え方です。

しかし多くの場合は、相違点の多い者同士だと、強いほうの意見が押し通されたり、ケンカになったりして終わってしまいます。

それを防ぐためには、まず互いの違いを認め合い、リスペクトし、尊重することが大切です。すると、相手の話を共感しながら聴くことができ、共通点ではなく相違点に目を向けることができます。

それをぶつけ合うことで、シナジーは生まれてきます。

# シナジーを加速させる②

シナジーを邪魔する要素を排除する

## ◎「口」に３画を足すと？

前ページで「相手との違いを認め合う」「相違点こそ価値がある」という話をしましたが、言われただけでは、心からそう思えないかもしれません。

それならチームで、「口に３画までを加えた漢字を書き出す」というアクティビティーに取り組んでみましょう。

ルールは至ってシンプル。「口」という漢字に、３画まで加えて、違う漢字を書き出せるだけ書き出します。たとえば２画加えたら「田」や「目」などです。

これに、最初は個人で挑戦します。２分間の制限時間の中で、できるだけ多くの漢字を書き出します。それが終わったら、複数人で集まって、２人組、４人組、８人組といったようにチームのメンバーを増やしていき、さらに別の漢字が出せないかと、皆で考え、話し合うのです。
※最大人数によって逆算して、チーム数や回数を決める。

## ◎チームの一人一人が価値ある存在

このアクティビティーで、シナジー効果に関するさまざまなことが実感できます。

１つ目は、「一人で考えるより、皆で考えたほうが、たくさんの漢字が出てくること」です。単純に人数が多いこともありますが、複数のスタッフで考えると、誰かが出した漢字をヒントに、他の漢字を思いつくことがあります。

たとえば、誰かが「田」という漢字を出したのを見て、「線を伸ばせば『甲』にもなるな」などとひらめくわけです。すると、一人で考えたら数個だったのに、複数人で考えると20も30も出てくることがあります。

まさにこれこそがシナジー効果であり、そのことを実感できます。

２つ目は、「シナジー効果を生み出すメカニズム」です。最初から皆で考えた

ほうがいいかというと、決してそんなことはありません。

　最初に一人で全力で考える2分間があるからこそ、チームで集まったときに、誰も思いつかない特別な発想が出てきて、漢字がたくさん出てくるのです。

　仕事で会議をするときにも、「まずは個々で集中して、考えてもらったほうがいい」ということがわかります。


　3つ目は「**チームの一人一人が価値ある存在だと気づく**」ということです。

　チームで集まったとき、一人で15個出してくる人もいれば、1~2個しか思いつかない人もいたり、と漢字の数で比べると、差がつくかもしれません。

　しかし、1~2個しか思いつかなかった人が、誰も思いつかなかった漢字を出してくることがあります。

　たとえば「扣」や「吃」などを出してきて、「そういう漢字があったか」とチーム全体に大きなヒントを与える可能性もあるわけです。

　こういう体験をすると、「一人一人が違った価値を持っている」ことがわかります。そして、「自分と違う発想を持っている人がこんなにいる」という気づきにもなります。

　経験の少ない若手や新入社員に対しても、見下すことなく、「新しい視点をもたらす貴重な存在」と見ることができるようになるでしょう。

　自分自身も、他の人から出ないアイデアが出せれば、「自分もチームに貢献できた」「チームにとって貴重な存在」という自信が芽生えます。

　要は、誰もが価値ある存在だということです。


## ◎シナジーを邪魔する要素とは

　ミーティングにおいてシナジーを生むためには、決まり事やルールを設定することです。そうすると、議論はより一層活性化します。

　以下はボトムアップミーティングのときにも活用できるので、ぜひ参考にしてください。

　最初に、メンバー間の共通認識として持っておきたいのは「**競争＝共創**」という意識です。

目の前のことを勝ち負けで捉えると、それ以上の質が高まりませんし、負けたときに心がマイナスになります。

　しかし、「みんなで創り上げよう」という意識を持てば、心がマイナスになることなく、ワクワクしながら仕事に取り組めます。


## ◎発言の仕方と受け止め方を約束する

　その上で、ミーティングを行うときには、事前に次の3つの約束事を交わします。

　「仲間に共感しリスペクトすること」と「言葉と行動と思いで全員が成長すること」と「ワクワクしながら本気で行う」ことです。

　成長する言動は、「発言の仕方」と「受け止め方」の2つがあります。

　「発言の仕方」については、「批判、攻撃、文句は言わない」こと。要は生産性のない発言をしないことです。「提案、アドバイス、励まし、勇気づけ」の4つは大いに奨励します。

　一方、「受け止め方」については「つまらないプライド」と「過小評価、過大評価」はご法度。「私のほうが優れているのだから、あなたの意見など聴く必要がない」というつまらないプライドを持たずに、誰からも謙虚に話を聴くことを心掛けます。

　これらを決めることで、前向きになれるだけでなく、時には耳の痛いことも言い合える環境ができ、ミーティングの質は大きく上がります。

　ひいては、互いに切磋琢磨しながら成長できるチームへと成長を遂げるはずです。

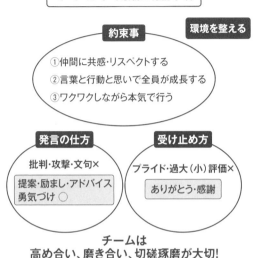

ミーティングのグランドルール

ミーティングで最初の確認事項

約束事　環境を整える

①仲間に共感・リスペクトする

②言葉と行動と思いで全員が成長する

③ワクワクしながら本気で行う

発言の仕方　受け止め方

批判・攻撃・文句×　プライド・過大（小）評価×

提案・励まし・アドバイス
勇気づけ ○　ありがとう・感謝

**チームは
高め合い、磨き合い、切磋琢磨が大切!**

　ここまでセルフコントロール力の「シナジー（相乗効果）」についてまとめて
きました。

　それでは次ページのワークに入っていきましょう。記入例を参考にしなが
ら、自分なりの3カ条を創っていきましょう。そして具体的にアウトプットで
きることを記入してみましょう。

## ボトムアップ  シナジー（相乗効果）

### 3カ条

**記入例**

（1）自ら全力の時間をまずつくる

（2）個より組織で共創する

（3）リスペクトを大切にする

アウトプット（具体的に）
チームミーティングでのグランドルールを守り、小学1年生〜5年生までのサッカースクールでさっそく取り入れてみたい。共創することでイノベーションがたくさん起こることを楽しみたい。

**実践** さあ自分でシナジー（相乗効果）の3カ条を創ってみましょう

（1）

（2）

（3）

アウトプット（具体的に）

# ワールドカフェ方式

## 現場一人一人の主体性を向上させる

## ◎ワールドカフェとは？

　その名の通り、「カフェ」のようなリラックスした雰囲気の中で、少人数に分かれたテーブルで自由な対話を行います。そして他のテーブルとメンバーをシャッフルして対話を続けることにより、参加した全員が気づきを得ることができ、意見や知識を集めることができる対話法です。

　全員が主役になり、あるテーマについて一人一人が自ら創造し生み出した考えを積極的に発言していく仕組みがあるため、自然に主体性と創造性を高める話し合いのエッセンス（本質的なもの・最も大切な要素）が抽出されるようになります。

　なぜなら「知識や知恵は、機能的な会議室の中で生まれるのではなく、人々がオープンに会話、対話を行い、自由にネットワークを築くことのできる『カフェ』のような空間でこそ創発されるから」です。

　それでは、出席者16名で想定したグループでの「会議」と「ワールドカフェ」を比べてみましょう。

## ◎60分の会議vs60分のワールドカフェ

【会議】

- 60分の会議で出席者が16人
- 果たして何人の人が発言するでしょうか？
- もしかしたら2〜3人が10分話して……
- 1人が30分話して……
- 声の大きい人の意見に左右されて……

- 10人程度はまったく発言しないで……
- モヤモヤした人が大勢つくられて終了とか……

【ワールドカフェ】
- 60分のワールドカフェで出席者が16人
- 各テーブル4人で話をする
- 1ラウンド（20分で行う）→1人5分（20分÷4人）の発言
- メンバーをシャッフルして3ラウンド（計60分）
  →1人が必ず15分（5分×3ラウンド）発言する

つまり、ワールドカフェを行うと
  ①60分の会議で、全員が15分は発言する
  ②声の大小関係なく、模造紙に平等にアウトプット
  ③移動をすることで、議論内容が全体にシェアされる
このような利点があるわけです。

ワクワクでき、一人一人の生産性があるワールドカフェのほうが、間違いなく成果も上がると思います。

◎ ワールドカフェの標準プロセス

1. 4人〜6人のグループになり自己紹介（名前、所属、仕事内容など）する
2. ファシリテーター役を各テーブルで1人選出し、その進行でスタートする
3. テーマについて自分の考えを模造紙に書き（3分間）、1人5分で説明する
4. 全員が発言したらファシリテーターを残し、残りの人が違う席に自由に
   移動する
5. ラウンドは3回繰り返す
   （ファシリテーターは前に書いた人の説明を聴かれたらする）
6. 各グループ、最後に全体シェアで発表する

| 第1ラウンド | テーマについて自己探求する |
| --- | --- |
| 20分 | 最初のグループ（ホーム）からスタート |

| 第2ラウンド | アイデアを創造しシェアする |
| --- | --- |
| 20分 | どんどん移動して、いろいろな人と意見共有 |

| 第3ラウンド | 気づきや発見を統合する |
| --- | --- |
| 20分 | 他の人からの話の中で共感共有して、世界観を拡げる |

| 全体シェア | 集合的な発見を収穫し、全体共有する |
| --- | --- |
| 20分 | ホームに戻って話をまとめて全体に発表 |

【配置図】

### 第1ラウンド　テーマを探究する

●模造紙を囲んで4人が座り、テーマについて自由に対話します
●自分の思いを、そのままに模造紙に書き込んでください
　①書き込み3分　②発表1人5分

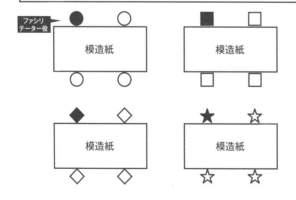

133

## 第2・第3ラウンド　メンバーをシャッフルする

●グループを移動し、新たなメンバーで対話を続けます
●第1ラウンドの内容を繰り返します
●異なる意見が出合い、新しいネットワークが広がります

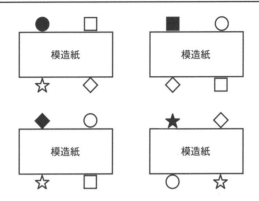

## 全体シェア　ホームに戻る

●ホームに戻り、移動して得た意見や気づきをシェアします
●全体に発表します

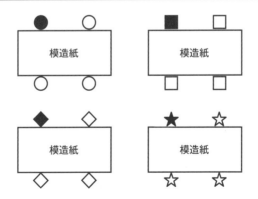

## ◎ファシリテーター（●■◆★の仕事）

【中立】【引き出す】【つなげる】【促進】

- ● ファシリテーターは司会進行役として、メンバーからの意見を引き出し、つなげ、広げます。
- ● 中立的な立場をとり、チームの課題や取り組み、問題解決や優先順位を導き出します。
- ● しゃべりすぎない・違った観点を与える・話しやすい雰囲気を創る・タイムマネジメントを行います。
- ● うまくいかなくても、仲間がサポートしてくれると信じ切りましょう。

## ◎グランドルール＆本日のテーマ

【グランドルール】

- ● 主語を「自分」にする。
- ● 相手の意見を否定しない、尊重されるという安全な場。
- ● 笑顔でワクワクしながら楽しんで!

【本日のテーマ】

例「あなたにとってチーム一丸とはどのような状態ですか?
　　またそれに向けてどう貢献していきたいですか?」

## ◎最後に「収穫」

最後に明日からできることを自分で1つ決めて、書き留めておきましょう。

　このようにワールドカフェを会議、ミーティングでどんどん採用すれば、考えること、話すこと、傾聴することの良い成長習慣が身に付き、物事に対する貢献度が増してきて、リーダーの資質も向上し、主体的な自分に近づいていきます。

また、活発な発言をしたくなるような環境を創っていくのも特徴で、共創しながらチームワークも抜群によくなっていきます。

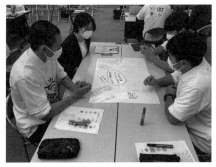

ワールドカフェの様子

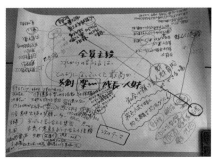

ワールドカフェでテーマについてメンバーそれぞれが自由に思いを書き込んだ模造紙

　ここまでセルフコントロール力の「ワールドカフェ」についてまとめてきました。
　それでは次ページのワークに入っていきましょう。記入例を参考にしながら、自分なりの３カ条を創っていきましょう。そして具体的にアウトプットできることを記入してみましょう。

ボトムアップ ✕ ワールドカフェ

## ３カ条

**記入例**

(1) 一体感（one family創り）

(2) 笑顔、ワクワク

(3) 自己主張

アウトプット（具体的に）

1月になり新チームになったので、いろいろなことを決めていくのに、みんなが主役になるワールドカフェで共創して方向性を決めていきたい。ワクワクしながら。

**実践** さあ自分でワールドカフェの３カ条を創ってみましょう

(1)

(2)

(3)

アウトプット（具体的に）

成果を出し続ける
リーダーに必要な
〈5つの心得〉

# まず与える

「何かできることはないだろうか」が全ての起点

## ◎ボトムアップ型組織を回すには、リーダーのサポートが必要

第1〜5章では、ボトムアップ型組織の実現に必要な人間性を高める「5つの成長習慣」として、成長についてご紹介しました。これらをリーダーやメンバーが習慣づけることで、ボトムアップ型組織を創る土台が出来上がります。

その上で、序章で紹介した「全員リーダー制」や第1章で紹介した「トップボトムアップ」を導入することで、メンバーたちが自発的に動き出すようになります。

組織がうまく回れば、私の監督の仕事がなくなってしまったように、リーダーも仕事がなくなってしまうというわけです。

ただし、最初のうちは、そのままメンバーに任せているだけでは、ボトムアップ型組織はスムーズに回りません。リーダーがあれこれとサポートすることが必要です。

第6章では、これからのリーダーがボトムアップ型組織を実現するために心得ておくべき「5つの心得」についてお話ししましょう。

## ◎与えられる前に与える

第1の心得は、「**与えられる前に与える**」という意識を持つことです。

「与えるものは与えられる」という法則はさまざまなところで言われています。私の経験則でも、それは正しいと思います。

気をつけなければいけないのは、「与えてもらおうと思って与えてもうまくいかない」のです。もらうことばかり考えて仕事をしたり、見返りを期待して与えても仕事はうまくいきません。

この法則は、与えたからといってすぐには返ってこなかったりします。逆に

言えば、すぐに見返りがあるものは大したことがありません。見返りを期待して与えると続かなくなります。すぐに返ってこなければストレスがたまるばかりです。

それより「何をすればお役に立てるだろうか」と見返りを求めず、その思いで仕事をすることです。

大きなことを考えなくてもいいのです。与えるというのは自分にできることでいいのです。

朝、職場で元気のよい挨拶をするだけでも、周りの人に元気を与えられます。両手に荷物を持ってドアの前で困っている人にドアを開けてあげるとか、職場にゴミが落ちていたら拾って捨てるだけでもいいのです。

こういう生き方をしていく人は、人生がどんどん良い方向に変わっていきます。この法則は、与える姿勢を続けていると、いろいろなものが勝手に集まってきます。与える人には必ず、回り回ってとんでもない方向から「人との出会い、情報、結果的にはお金まで集まってきます」。それも何十倍、何百倍になって返ってきます。

◎「グッドルーザー」であれ

これからは、「グッドルーザー」的な考え方を持つことも重要です。これは「良き敗者たれ」という負けたときの姿勢の話です。潔く負けを認めて、次の一歩を踏み出しましょう、ということです。

仕事でもスポーツでも、負けたとき、結果が出なかったときに、どのような姿勢でいるかが、その後に大きく影響します。

スポーツの世界でも敗者になった後、相手をののしったり、審判を責めたり、またスタッフ、上司、仲間を非難したりする人を多く見かけます。

このような姿勢では、その人の成長は見込めません。負けを謙虚に認めておらず、そして相手への称賛を忘れているからです。

また、これでは周囲からの尊敬や称賛は得られないでしょう。

　しかし、負けを謙虚に認め、「何が悪かったのだろう？」と敗因を分析する組織・人は、必ず成長し、未来の勝者になるでしょう。

　ラグビーでは、ノーサイドになった後、敗者が拍手する中を勝者が歩いていきます。逆に、勝者が拍手する中を敗者が通っていくということもあります。

　このように、お互いに敬意を忘れずにたたえ合うチームは、周囲から素敵なチームだと見られるものです。

　これは仕事の場合でも同じです。自分を良い状態に落とし込めず、自分が損をし、相手が利を得る状態になったとき、怒ったり、ふてくされたりすれば、相手に良い印象は与えないでしょう。

　再びその相手と、お互いに成長するチャンスがやってくることは限りなく小さくなります。

　しかし、自分が敗者になったとしても、相手をたたえる姿勢でいれば、おのずと周囲からは認められます。

　次回はなんとか良い状態にと、次は相手から「与えられる」機会が巡ってくるかもしれません。

　負けを謙虚に認め、敗因を次に活かす組織・人は、必ず成長するものです。

　ここまで「グッドルーザー」についてまとめてきました。

　それでは次ページのワークに入っていきましょう。記入例を参考にしながら、自分なりの３カ条を創っていきましょう。そして具体的にアウトプットできることを記入してみましょう。

ワーク15

ボトムアップ ✕ グッドルーザー

## ３カ条

**記入例**

（1）相手は敵ではなくパートナーの意識を持つ

（2）win-winの意識を持つ

（3）人間的な内面の成長を意識する

アウトプット（具体的に）

試合が終了したときの姿勢（心の姿勢）を常に、自分、選手と共に試合前に確認をする（勝っても負けても）。笑顔でパートナーをたたえる姿勢をもつ。

**実践** さあ自分でグッドルーザーの３カ条を創ってみましょう

（1）

（2）

（3）

アウトプット（具体的に）

# 笑顔になる

「強気」「冷静」「笑顔でワクワク」でパフォーマンスを最大化する

## ◎ワクワクするから結果が出る

第2の心得として、ボトムアップ型組織をスムーズに回すためには、リーダーが「笑顔」を心掛けることも大切です。

高いパフォーマンスを挙げるために必要な要素は何かおわかりですか？

それは、「強気」と「冷静」と「笑顔でワクワク」の3つです。

「強気」とは、仕事をやる上で「私はできる」という前向きな気持ちです。一方で、イケイケドンドンだけではリスキーなので、「冷静」な心も必要です。

そして、何よりも大事なのは、仕事を笑顔でワクワクしながら行うことです。

一般的には「結果が出るからワクワクする」と考えられますが、実は順序は逆。「ワクワクするから結果が出る」のです。

これは私がサッカー部を率いてきた経験からも感じていることですが、脳科学的にも実証されています。

脳の構造は、知性を司る「大脳新皮質」、感情を司る「大脳辺縁系」、アドレナリンやセロトニンなどのホルモンを分泌する「脳幹」の3つの層に分かれています。

そのうち、大脳辺縁系の中に、15～20mm程度のアーモンド形の「扁桃核」という部位があります。扁桃核は人間の司令塔といわれていて、「快・不快」の感情を司ります。

この扁桃核がワクワクすると、人間の心はワクワクしてきます。

すると、良いホルモンが大脳新皮質や大脳辺縁系に分泌され、パフォーマンスが上がってくるのです。

要するに、笑顔になることで、人間の潜在能力が引き出される。スタッフ一人一人の力が発揮され、皆がボトムアップ型組織で活躍できるようになるというわけです。

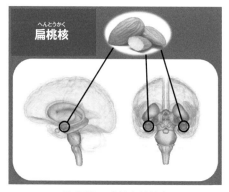

脳をワクワクさせると
潜在能力が引き出される

**大脳辺縁系（感情脳）の中で特に注目すべき部分が**

へんとうかく
扁桃核

・快・不快の感情を判断する
・人間の司令塔的役割

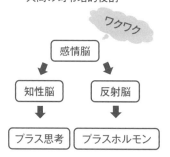

ワクワク

感情脳

知性脳　　反射脳

プラス思考　プラスホルモン

## ◎「スマイル」と「いいね!」の効果

このような「笑顔」によって脳をワクワクさせる効果を、使わない手はありません。

そのためには、スタッフたちを笑顔にすることを習慣づけたいところです。

そこでおすすめなのが、「ワクワクスマイル朝礼(スマイルパス)」です。

方法は簡単。複数のメンバーで輪になって、「スマイル!」「スマイル!」と言いながら、両手でボールを渡すように相手に向けて笑顔をパスするのです。

30秒〜1分間もやっていると、みんなが笑顔になってワクワクしてきます。「こんなこと、くだらない」と思っていた人も、つられて笑顔になってくるのです。

また、「ワクワク朝礼」という方法もあります。

これは、朝礼で、一人一人がその日の目標を宣言します。

たとえば、「今日は5件のお客さまを新規開拓します」と言うとしましょう。そうしたら、他の人が「いいね〜!」「お前ならできるぞ!」とポジティブな言葉をかけて、その場を盛り上げるのです。

誰かが言ったポジティブな言葉を皆で復唱するというのもいいでしょう。

要するに、「全員参加型」で「ポジティブな言葉が出る」状況をつくるのです。

このスマイル朝礼を導入するだけで、その空間に素敵な風が流れ、それまで自発的な発言のなかったメンバーが、積極的に意見を口にするようになります。私が現在コンサルティングに入っているレストランでも取り入れたところ、以前と比べて、スタッフのパフォーマンスが上がりました。

スマイル朝礼の効果をまとめると、次の2つがあります。
1. 一人一人の元気とやる気の姿勢を引き出して、個人の能力を最大限にアップさせる
2. 組織の士気を高めて、環境を明るくし、組織の能力を最大限にアップさせる

簡単にできるので、ぜひ実践してください。

## スマイルパスの方法

① まず笑顔（スマイル）で
② 大きな声で「スマイル」と言いながら
③ 手は両手で下から上に向けて次の人へパス
④ もらった人にパスは返さない
⑤ 30秒〜1分間行う

　ここまで「スマイルパス」についてまとめてきました。それでは次ページの
ワークに入っていきましょう。
　記入例を参考にしながら、自分なりの3カ条を創っていきましょう。そして
具体的にアウトプットできることを記入してみましょう。

ボトムアップ  スマイルパス

## 3カ条

記入例

(1) 楽しいを引き出す

(2) 最高の笑顔

(3) 声（大）、ジェスチャー（大）

アウトプット（具体的に）

授業や部活動の前に頭と体のウォーミングアップとして、毎回取り入れて習慣にして、良いスタートを切ります。継続が大切!!

実践 さあ自分でスマイルパスの3カ条を創ってみましょう

(1)

(2)

(3)

アウトプット（具体的に）

# ファシリテーション型のリーダーに徹する

### なぜ、リーダーの解釈や助言はメンバーのやる気を削ぐのか？

## ◎ファシリテーションが注目される背景

ボトムアップ型の組織を率いるためには、リーダーシップの取り方も、トップダウン型とは異なります。

一言でいえば、「ファシリテーション型」のリーダーシップが必要です。

「ファシリテーション」とは、会議やプロジェクトの集団活動がスムーズに進むよう、また成果が挙がるよう支援することです。

1970年代にアメリカでビジネスの分野に取り入れられ、日本では90年代後半から注目されるようになりました。

この背景には、問題解決や企画創造のためにメンバー相互のコミュニケーションが重視されるようになってきたこと、異なる立場や価値観に立つ人々をうまくまとめて業務を遂行する必要が出てきたことなどがあります。

こうした集団活動において、中立的な立場で黒子の役割を果たすのが、ファシリテーターです。

## ◎ボトムアップにはファシリテーションが必須

ボトムアップ理論において求められるリーダー像の、ファシリテーション型リーダーシップとは、中立的立場からメンバーの多様な知恵や情報、意欲を主体的に引き出し、各自に考えてもらい、自ら納得して行動してもらうよう方向付けながらチームを引っ張っていくことです。

かつてリーダーは、部下に対して「やれ」と命令するだけで、「俺についてこい！」という人が目立ちました。

しかし、今後のリーダーに求められるのは、部下やメンバーに考えてもらいながら、自分で正しいと思う方向に導いていく姿勢であり、一緒になって進め

ていくことです。

ファシリテーション型リーダーは、多くの情報や知恵、専門的な能力を各々から引き出し、成果を最大化することが仕事です。

トップダウンでは、リーダーが自分の重ねてきた経験を、メンバーに伝えて同じようにさせようとしがちですが、ボトムアップでは、リーダーは表に出ません。

ファシリテーション型リーダーが、メンバーからあらゆる情報を引き出し、その中から最良の方法を選択できるよう、導いていきます。

そのために、リーダーはあらゆる情報と知恵、専門的な能力を持つことも重要ですが、メンバーからも話を引き出すためのコミュニケーション能力がより大事になります。

そこで、P98〜110でお話しした「共感しながら傾聴する」ことが大切になってきます。


## ◎「自己中心・自己想像・短絡評価・先回り」はタブー

「聴くことが大事」というのは、最近はかなり言われていますから、すでにわかっている、というリーダーもいるかと思います。

しかし、「聴き方」が間違っている人は少なくありません。

よくありがちなのが、次のようなプロセスです。


● 自分中心型…相手が話したいことではなく、自分が聴きたい情報を聞こうとする

● 自己想像型…プロセスを聴かず、勝手に話を自己想像する。そして結果を出すのが早すぎる

● 短絡評価型…いきなり相手の話を良いか悪いかで評価する。リアクションが早すぎる

● 先回り型……すぐに自分勝手な解決策を出す

## ◎部下の信用を失う会話例

　たとえば、マネージャーが営業の部下に対して「自己中心・自己想像・短絡評価・先回り」を行使すると、どうなるでしょうか。

（自己中心型）
→相手は話したくないかもしれないのに、自分の聴きたいことをいきなり質問する

（自己想像型）
→相手の理由は聴かず、自分がネガティブに想像した理由で短絡的に話をする

（短絡評価型）
→何も聴かずに、結果で判断する。本当はあとひと押しのところまでいったお客さまがいて、後日再アタックしようとしているかもしれないのに、プロセスを聴かずに、結果だけで短絡評価してしまう

（先回り型）
→全体像を把握してない段階で、自分の考えた解決策を伝える

いかがでしょうか？　部下の立場になったら、このような聴き方、話し方が続いたら、嫌だと思いませんか。間違いなく心はマイナスに向かっていきます。そうなれば仕事の生産性は落ちて、逆に成果は上がりません。

　この上司へいろいろと報告するのも躊躇するようになるでしょう。

　このマネジャーの良くない点は、ほとんど話を聴いていないところです。また、部下の心をプラスに向わせていない点です。

　最初の「今日どうだった？」を聴くことで、「聴いている」と思い込んでいるきらいもあります。

　それで勝手に短絡評価して、掲げ句の果てに、こうしたほうがいい、ああしたほうがいいと答えを先回りして言ってしまう。

　これでは、部下は自分で考える余地がなく、全然育ちませんし、仕事に対する心の状態もマイナスに向かい、上司を信頼する気持ちもなくしてしまいます。


　ここまで「ファシリテーター」についてまとめてきました。

　それでは次ページのワークに入っていきましょう。記入例を参考にしながら、自分なりの３カ条を創っていきましょう。そして具体的にアウトプットできることを記入してみましょう。

ボトムアップ × ファシリテーター

## 3カ条

**記入例**

(1) ワクワク、笑顔で元気よく

(2) 話と話をつなげる

(3) 話を引き出す

アウトプット（具体的に）
ミーティングの質はファシリテーターで決まるので、まず
うまくできなくてもやりながらトライ＆エラーの中で環境
を創っていけるようにサッカースクール（小学生）でやっ
てみます。

**実践** さあ自分でファシリテーターの3カ条を創ってみましょう

(1)

(2)

(3)

アウトプット（具体的に）

# 多様性を理解する

## 皆が同じ解釈をしていると思ってはいけない

### ◎同じものを食べても、反応は十人十色

P102〜107で取り上げた「アサーティブな表現方法」を取り入れると、チームのメンバーにあなたの考えや思いが伝わりやすくなりますが、一方で、忘れてはいけないことがあります。

それは、「自分の言葉に対して、皆が同じ解釈をしている」と思い込んではいけない、ということです。

たとえば、皆で同じものを食べたときに、その感じ方は人それぞれです。

辛いと思う人がいれば、辛くないと思う人もいる。薄味と思う人もいれば、濃いと感じる人もいる。量も多いと感じる人や、物足りないという人も。

言葉に関しても、これと同じことがいえます。理解の方法は人の数だけあり、その人によって言葉の意味づけもまったく違うといってもよいでしょう。

たとえば、リーダーが「皆で頑張っていこう！」と鼓舞する発言をしたときに、「よしっ、頑張ろう！」と思う人もいれば、「俺たちにこれ以上、頑張れっていうことか？」と捉える人もいます。「社長に何か言われたのかな？」「何か別の魂胆があるのではないか？」と思う人もいるでしょう。

### ◎理解のズレや違いをポジティブに捉える

このように考えの違う人が集まった中で、相互理解の質を上げるためには、あの手この手で根気よくコミュニケーションを取る必要があります。

ミーティングを重ねて、お互いに情報を共有することも重要ですし、考えを可視化することも大切です。

ただ、最も重要なのは、「理解のズレや違いはあって当たり前」であり、「お互いの世界を広げるチャンス」という考えを浸透させることです。

そうすれば、意見の食い違いに対して、ポジティブに捉えられますし、「自分の知らない世界を教えてもらえた」と感謝するマインドも芽生えます。相互理解ができたときの喜びも大きいでしょう。

**コミュニケーションとは、お互いの言葉の意味づけを照合し合い、分かち合って、より正確な理解へ進んでいくという、限りない相互交流のプロセス**です。

　一人一人の意見を聴き、みんなで照合し合いながら、自分たちがやろうとしているプロセスにつなげていくことがリーダーの重要な役割です。


## ◎あなたの表現バランスは偏っている？

　ここまで、コミュニケーションについてお話ししてきましたが、もう1つ重要なのが、「**自分がどんな人間なのか**」を客観的に見ることです。それがわかると、自分に合ったコミュニケーションの取り方がわかってきます。

　逆に言うと、人の付き合いが難しくなる理由は自己理解ができていない、自分がどんな人間なのかわかっていないことが挙げられます。


　自分を知る上で参考にしてほしいのが、次ページの図です。

　人間の表現のタイプは、「思考型」「行動型」「感情型」の3つに分けられます。それぞれの特徴について、特にその傾向が偏りすぎた場合を念頭にまとめてみました。


- ●「思考型」
　　偏るほどに、慎重になりすぎてしまうタイプ
- ●「行動型」
　　偏るほどに、じっくり考えずに行動に移してしまうタイプ
- ●「感情型」
　　偏るほどに、いきなり感情を表現してしまい、悪いほうに働くとすぐにイライラして、かんしゃく玉のように怒ってしまうタイプ

人間は一人一人、この３つのタイプを持っています。中心に近いほどバランスが取れていてTPOに合わせて動ける人ですが、ほとんどの人はどれかに偏っています。

　あなたはどの辺りに位置するでしょうか。考えてみてください。

## 感情・思考・行動の表現のバランス

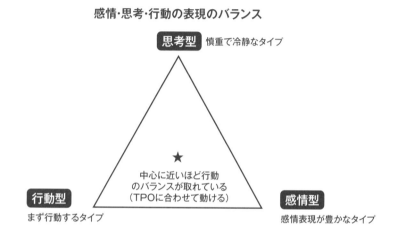

**思考型** 慎重で冷静なタイプ

★
中心に近いほど行動
のバランスが取れている
（TPOに合わせて動ける）

**行動型**
まず行動するタイプ

**感情型**
感情表現が豊かなタイプ

　どこかのタイプに偏っている場合は、次のことを心掛けてみましょう。

「思考型」⇒慎重になりすぎず、自分が感じたことを素直に表現する

「行動型」⇒すぐに行動に移すのではなく、立ち止まってゆっくり考え、感情を
　　　　　味わう

「感情型」⇒感情をいきなり表現するのではなくどう表現するかを考え、周囲の
　　　　　反応を観察する

## ◎自分に対する印象は、自分と他人ではまったく違う

　メンバーとのコミュニケーションがうまくいっていないと感じたら、「**自分**

が相手にどう見えているのか」を確認することが重要です。自分では温厚だと思っていても、周囲から見たら怖がられていることは少なくありません。

　もっとも、自分を客観視することは難しいことです。そこでおすすめなのが「自分はどんな人間なのか」を、周囲の人からフィードバックしてもらうことです。

　「私はどんな人?」と急に聴かれても、相手も答えるのが難しいでしょう。

　そこで、前ページの図を見せながら、どのタイプに近い?　と聴いてみるとよいでしょう。

　自己評価とはまったく違った結果が返ってくることも多いのではないでしょうか。

## ◎自分で書き出してみてもOK

　誰かに聴くことに抵抗があるなら、その前に、自分という人間がどんな印象を与えていると思うのか、箇条書きにしてみてもよいでしょう。

　それだけでも、どんな振る舞いをすれば関係が改善できるかが見えてきます。たとえば「短気」というなら、「相手から何か言われたときに、1回はのみ込んで、よく考えてから話をしよう」という気づきが得られるわけです。

　このように、自分の行動をコツコツと変えていくことが、相手から話を聴いてもらうためには大切です。

　それでは次ページの多様性を理解するワークで、自分はどんな人間かを理解するために、まずは自分の印象を書き出してみましょう。

## 多様性を理解するワーク

自分の印象を書き出してみましょう

① 

② 

③ 

④ 

⑤ 

⑥ 

⑦ 

⑧ 

⑨ 

⑩

# 組織を再構築する

## ゼロベース方式か、積み上げ方式か

### ◎組織によって異なるが、迷ったらゼロベース

ボトムアップ型組織を創り上げるとき、リーダーが考えるべきことは、「**ゼロベース方式**」と「**積み上げ方式**」、どちらの方法で組織を創るかです。

「ゼロベース方式」は、必要なものと不必要なものを区別してゼロから組織を組み立てる方式、「積み上げ方式」は、現状の延長線上でさらにどう積み上げようか考えていく方式です。

組織創りの方式は、その2つしかありません。

どちらの方式がよいかは、その組織によってまったく違います。

たとえば、私が監督をしたサッカー部でいうと、県立広島観音高校のときは積み上げ方式で組織を創り上げました。

もともと選手たちが自主的に動く風土があったので、この風土を生かしてサポートしたところ、日本一を達成するチームになりました。

一方、2019年まで指導していた県立安芸南高校のサッカー部は、完全なゼロベース方式。今までのサッカー部の歴史は1回横に置いて、新しい組織をボトムアップで創りました。それがうまくいきました。

どちらの方式を選ぶかは難しいところですが、**悩んだらゼロベース方式**を選ぶとよいでしょう。

そもそもボトムアップ理論は、今までのトップダウン方式とは逆発想の理論なので、ゼロから組織を組み立てたほうがやりやすい側面があります。

たとえば、サッカー部でいうと、トップダウンの組織では、長時間練習や良い選手のスカウトが当たり前で、監督の指示を忠実に実行することを求められますが、それを残しながら、ボトムアップ型を導入すると、かえってやりにくいはずです。

積み上げ方式を選んだとしても、大切なのは、前例に捉われずに未知の領域に目を向けることです。それを踏まえて、組織創りの方式を選びましょう。

## 現状の延長線上をリセットして考えるゼロベース思考

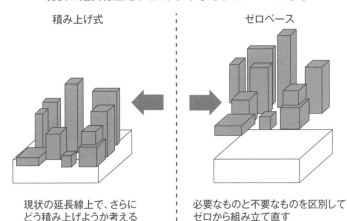

積み上げ式　　　　　　　　　　　　　ゼロベース

現状の延長線上で、さらに
どう積み上げようか考える

必要なものと不要なものを区別して
ゼロから組み立て直す

## ◎組織には必ず「混乱期」がある

　こうしてボトムアップ型の組織創りをしていくと、チームが混乱することが出てくるかもしれません。たとえばメンバー同士の言い争いが始まったり、仕事のミスが多くなったり、といった具合です。

　しかし、慌てることはありません。それは、正しい進化のプロセスだからです。そのことを説明したのが、タックマンモデルです。

　心理学者のB.W.タックマンによれば、組織進化のプロセスは4段階あるといいます。

**タックマンモデル**
（組織進化のプロセスの4段階）

| 形成期<br>（フォーミング） | 混乱期<br>（ストーミング） | 統一期<br>（ノーミング） | 機能期<br>（パフォーミング） |
|---|---|---|---|
| チームが<br>形成される | ぶつかり合う | 共通の規範が<br>形成される | チームとして<br>成果を出す |

成長

チーム
ビルディング

時間

1. チームの形成の中で、混乱期があるのは当たり前
2. 混乱期を避けては機能期にたどり着けない
3. 混乱期が長引くとチームは崩壊する

　1番目は「**形成期（フォーミング）**」です。

　これはチームを創ったばかりのとき。集まっただけなので、まだお互いのことを知らず、目指す方向性もバラバラ。なので、同じ方向を向いていこうと動き出します。

　しかし、仕事をする中で、2番目の「**混乱期（ストーミング）**」に陥ります。

　最初はみんな殻をかぶっていますが、慣れてくると、だんだんと自分のエゴや我が出てきて、言い合いになったり、ケンカになったりするのです。

　しかし、組織に混乱期があるのは当たり前です。ぶつかり合う時期があることで、方向性に関して皆が真剣に合わせようとしますし、組織にさまざまなルールができてきます。

　混乱期が長すぎるとチームは崩壊しますが、ルールができて、共通する目標が定まると、その組織は機能するようになります。これが「**統一期（ノーミング）**」です。

そして安定してくると、今度は「機能期（パフォーミング）」。チームとして安定した成果が出せるようになります。

タックマンモデルが意味するところは、「混乱期がないと組織は強くなれませんよ」ということです。右肩上がりのままでいく組織などありません。

しかし、多くの会社や職場では、混乱期のときに「この組織はダメなのでは」と皆が思ってしまって、疑心暗鬼になったり、チームが分解したりしがちです。

ですから、混乱期になったら、リーダーは「くるべきものがきた」と考えること。そして、落ちついて方向性をすり合わせていくことが必要になります。

## 組織を再構築するワーク

チームの混乱期はどうやって脱出しましたか。3つほど書き留めておきましょう

①

②

③

成果を出し続ける
リーダーがぶつかる
〈10の疑問〉

これからのリーダーに必要なボトムアップ理論は、実際のところ、どの職場でもスムーズに導入できるわけではありません。長年、会社にはびこっている悪い慣習はなかなか変えられませんし、個人個人を見ても、素直に受け入れる人ばかりとは限りません。

そんな状況に直面したとき、これからのリーダーはどのように対処していくべきでしょうか。

そこで第7章では、成果を出し続けようとするリーダーがぶつかりがちな疑問を10個ピックアップした上で、一つ一つにお答えしていきましょう。

## Q1 なぜかボトムアップが定着しません……

序章でも触れましたが、ボトムアップ型思考の学びは、普通の学びと順番が逆になります。簡単に言えば、①やってみる、②わかる・納得する、③仲間と分かち合う、という流れです。

つまり、ボトムアップを定着させるには、まず「どれだけやり続けたか」という行動の積み重ねが大事だということ。どんな組織でも、トライ＆エラーを繰り返しながら、定着するまでに1年、2年はかかります。少しずつ進化していくものであり、完成することはない、とも言えます。

また、定着しないことは考えようによってはチャンスです。PDCAを繰り返しながら試行錯誤することで、必ず新しいアイデアが浮かんできます。これこそがボトムアップ型思考であり、やがて、定着への道筋が見えてくるに違いありません。とにかく、まず、行動から入りましょう。

## Q2 パワハラと言われることなく、部下を指導する方法を教えてください

仕事の内容を細かく指示して部下をコントロールしようとする指示命令型・思考停止型から、部下を認めて、任せて、考えさせるボトムアップ思考型のリー

ダーシップに変えてみてください。

　伝え方も4章でお話したアサーションをしっかり身に付ければ、パワハラ的な言動は起こりません。

　そして部下との「信頼関係を築く」ように心掛けましょう。

　人は好きな人から理不尽なことを言われても受け入れますが、嫌いな人から正当なことを言われても受け入れない生き物です。要はリーダーの人間性が大切なのです。


## Q3 部下が本気になってくれず、困っています

　部下が本気にならないのは、自分の本気度が足りないから。要は他人を変えるのではなく、自分を変えるのです。他人は変えられませんが、自分は変えられます。

　湿った薪を燃やすには、こちらが赤々と燃えていなければいけません。

　「難問はチャンス」と思い、自分に矢印を向けて、自立成長型の考え方で、解決しましょう。自立成長型の考え方は、第1章で取り上げました。

　具体的には、問題があったら、プラス受信➡自己責任➡自己改善の順番で捉え直してみるのです。

　あなたには必ず難問を乗り越える力があります。


## Q4 メンバーに細かく指示を出さないと不安です……

　事細かに指示をするのは、「何か面倒なことを起こされるのが不安」という心理があるのだと思いますが、自分が不安な気持ちで頼んだら、頼まれたほうも不安になり、良い結果にはつながりません。

　たとえ不安だとしても、目の前にいる部下を成長させようとしているのであれば、大きな指示だけ出して、あとは観守りましょう。

　いつまでも事細かに指示をしていると、部下は指示待ち人間になります。時

間がたてばたつほど、その悪いサイクルから抜けられません。

　必要なのは、自分の不安な気持ちに興奮すること。決して深刻になってはいけません。実は、ここも部下の成長というより、自分の成長がカギだと思います。

## Q5 任せられたくない……という部下をどうすればいい?

　いきなり任せられる部下などそうはいません。

　薄紙を一枚一枚積み重ねる作業で育てていくのです。

　絶対に良い部下になると信じる。この部下には可能性があると信じてコミットすることです。自分の思いは相手に伝わります。

　その思いで、「トップボトムアップ」のやり方を使ってください。

　まずは外発的動機づけから入り、少しずつ手を放し自己目標を立てさせて、自己選択、自己決定をさせていき、小さな成功イメージ、小さな自信を培い、内発的動機づけにつなげていく方法です。

　そうすると自ら進んで、もっとやりたい、より良くなりたい、とさらなる興味を持つでしょう。そのうち、自立するようになり、責任感を持って仕事に取り組む人財に育っていくはずです。

## Q6 部下をいつ、どんなときに褒めるべきか、わかりません

　無理に、部下を褒める必要はありません。

　褒めるのは「良いパフォーマンス」を認めるときです。しかし、そのようなときはめったにありません。

　ただし、これは、部下を冷たく突き放すという意味ではありません。褒めなくても、「承認」すればいいのです。

　承認については、第3章の「いいね! BOX」で次々と承認を生み出すでお話ししました。

大切なのは、褒めるポイントがないときのリーダーの関わり方。

　いつでもどこでもありのままの真実を伝えることで、部下は「自分は承認されている」と感じます。そして、自己肯定感を高めていくのです。


## Q7 特にやりたいことがない、という部下をどうすればいい？

　「特にやりたいことがない」というのは、「そこに自分の仕事がない」ということを意味します。

　部下の感情や考え方を聴き、何のためにここで働いているのかをひも解く必要があります。

　序章で「良樹細根」についてお話ししたように、まず「見える世界」で考えるのではなく、「見えない世界」から考えて、心をプラスにしていくと、見える世界の生産性が間違いなく上昇していきます。

　ぜひ、部下の心をいつもプラスにしてあげてください。


## Q8 作業配分が不平等。でも、できる人材は限られている……

　ボトムアップ型のチームビルディングで、お互いが信頼しあって心を1つにできる「ONE TEAM」を創りましょう。

　具体的にいうと、まず全体像を見つめ直すことです。陸上でたとえると、短距離走が得意な人もいれば、駅伝のような3km、5kmを走るのが得意な人もいますし、100kmを歩き続けられる持久力に優れた人もいます。

　要は適材適所で自分のできる能力、得意な部分を発揮できるよう、配分していけばよいのです。

　仕事を均等割りする時代はもう終わったと言ってもよいでしょう。

## Q9 リーダーになってから孤独を感じることが増えました

　まずはリーダーになる前の組織創りに問題があると思います。組織とはチームであり、「ONE TEAM」で、みんなが主役です。リーダーも鎖の1つの輪です。

　その中で孤独を感じるということは、トップダウンの上意下達のシステムに入っているといえるでしょう。

　これからのリーダーは、第6章でお話ししたファシリテーション型のリーダーシップを学んでいくことが大切です。

　そして、ボトムアップ思考型のリーダーとしての考えを学べば、孤独を感じることは絶対にありません。


## Q10 部下の話を聴いている時間がありません

　忙しくて時間がないのかもしれませんが、普段の仕事の進め方を見つめ直すと、意外と時間は捻出できるものです。

　よくあるのは、トップダウン思考型で指示命令思考停止を続けていること。しかし、そうする限りは、現場から手を放すことができないので、時間は創れません。

　ボトムアップ思考型のリーダーシップなら、現場に任せる、認める、考えさせるやり方なので、時間に余裕ができ、自分の時間がどんどん創れます。

　まず、今の仕事を現場に任せられる仕組みにして、自分が現場にいなくても自分たちで自走できる組織にしていきましょう。

# 第 8 章

# 成果を出し続ける
# リーダーが組織を変えた
# 〈3つの事例〉

# 株式会社 You Home

広島のみならず、日本・世界経済の発展に寄与する飲食店を創る

## ◎ 多角経営の You Home にボトムアップ理論を取り入れる

　広島県の（株）You Home は、不動産・飲食・エステの３つの事業を手掛ける企業です。飲食事業では、イタリアンビアバルの「CASCO × ROSSO-カスコロッソ-」と「おでん・串カツの店：ころん。」、居酒屋「どろん」の３店舗を広島駅前で運営しています。

　2020年６月から私がプロジェクトリーダーになり、このサービス事業に、ボトムアップ理論を駆使したボトムアップ思考型のリーダーシップを取り入れました。

　同社がボトムアップ理論を取り入れたのは、「リクルート型人財育成店」にしていくという、新たな革新を目指すためです。

　社長の河津佑美氏は、特に、サービス事業における飲食店の運営を通じて、社会貢献できる人財を育成し、地域に貢献することを目指しています。

　「利益よりも人づくり」を最優先とし、一店舗だけの発展だけではなく、広島の駅前開発の起爆剤になり、広島経済の発展にも寄与するようなお店を創ることです。

　さらには、日本全国の企業にとって人財育成や組織構築のモデルとなるようなお店を創ることを目指しています。

　ボトムアップ理論の導入によって徐々に成果が上がり出すと、その噂が全国に広がり、異業種を含めてたくさんの企業経営者がベンチマーキング（見学）にきてくれるようになりました。

　もちろん、これらはまだ始まりにすぎません。河津社長は、最終的に日本全体を巻き込んで Win － Win な関係を創り、日本経済を発展させる未来像を描いているのです。

## ◎まずはボトムアップクレドとファミリーの約束創りから

　You Homeでは、今回のプロジェクトを「社員とキャスト（アルバイト学生）合同の、本気の『日本一の人財育成型の企業創り』」と銘打ち、ボトムアップ理論を導入しました。

　まずは、スタッフ全員での「クレド」創り、「ファミリーの約束事」創りから始めました。

　具体的には、次のようなクレドやファミリーの約束を創りました。

## 【You Home クレド】

1. You Homeは、ボトムアップ理論で、お客様への心のこもったおもてなし、笑顔、感動、快適さを大切にし、人を幸せにします。
2. You Homeは、ボトムアップ理論で、お客様に、ワクワクするお店の雰囲気、愛溢れる料理、常に期待値を超えるサービスを提供します。
3. You Homeは、ボトムアップ理論で社会貢献できる人財育成を掲げ、お客様、業者様、仲間たちに感謝を持ち、愛されるお店創りを行います。

## 【You Home ファミリーの約束事】

1. You Homeファミリーは、働いている仲間たちをリスペクトし、常に成長する言動を大切にします。
2. You Homeファミリーは、感謝・尊敬・信頼を原則とし、道徳心、倫理観を持ち、社会に貢献できるように人間性を高めます。
3. You Homeファミリーは、ボトムアップ3S活動を通じて当たり前基準を向上します。

　このクレドと約束事をスタッフ全員が意識した上で、改革プロジェクトを進めていきました。

## ◎飲食店なのに店長がいない!?

ボトムアップ理論の導入によって、大きく変わったことは、店長を置かなくなったことです。「全員リーダー制」を用いて、スタッフ一人一人に役割を持たせました。

要は誰かに依存しないのです。全ての問題を他人や組織のせいにせず、自分に矢印を向けていきながら運営していきます。

社員は各店舗に2名ずついるのですが、最終的にキャストが主導するお店を創っています。

シフトも売上目標も、全てスタッフで決めていくようにしています。

また、スプレッドシート(グーグルが提供するオンライン表計算ソフト)を使って、コミュニケーションツールをつくり、20人のスタッフ全員で共有。各自が自己目標を自己評価したものに対して、他のスタッフが感想を入れてフィードバックしたり、私からメッセージを入れたりしています。

そのやり取りは、誰でも見られるように可視化しています。

また、全体のグループLINEもつくり、常に成長する言葉や共有したいことを挙げて、みんなでコミュニケーションを取っています。

## ◎「いいね!カード」で互いを承認

また、スタッフ・キャストが互いを承認する文化も取り入れました。

帰るときに、「いいね!カード」に、本日のMVPを、理由もつけて書いて、BOXに入れます。とにかく仲間の良いところにフォーカスする環境を創るのです。

それができるとお店に承認の文化が根付き、従業員の満足度はどんどん上がっていきます。実際に取り入れる前に比べて、満足度が倍増しました。

このような取り組みによって、スタッフにより主体性が身に付き、仲間をリスペクトでき、自ら考えて積極的に行動できる人になるのです。

離職率は2%以下を維持しています。飲食店としてはかなり優秀な数字では

ないでしょうか。


## ◎コロナ禍でも健闘。お客さまの層が変わる

　もちろん、人が素敵に育つわけですから、業績も上がっています。

　2020年では、新型コロナウイルスの影響で、5〜6月に店を閉めていましたが、再開後の4カ月で、利益は前年対比で80〜90％まで戻しています。2021-2022年は、まだまだコロナ禍は続きましたが、その間は、あせらず土台創りに徹し、2023年度には、早いタイミングで100％は超えていくことでしょう。

　お客さまの層も変わってきました。

　「日本一、人が育つ飲食店」ということで、お客さまは料理を食べにくるだけではなく、お店の雰囲気や働いている人を観察にくるようになりました。

　現在も、毎月50名以上の見学希望のオファーがあり、バックヤード（着替える場所からキッチンの中まで）や地域清掃、ワクワク朝礼などの取り組みを観ていただき、お店の文化・クレドを説明しながらYou Homeの魅力を感じてもらっています。

　今後は、ボトムアップ理論を学びたい人に向けて、実際にお店で1週間働きながら、ボトムアップ型思考を実践で学ぶプロジェクトを立ち上げる予定です。

　このお店で学び育てていきながら、未来のリーダーになり素敵な新世界を創っていく人財を育成する、というわけです。まだまだ現在進行形ではありますが、着実にボトムアップ型思考で日本一魅力あるお店へ向けて成長しています。


## ◎スタッフの反応は？

　ボトムアップ理論を導入したことで、店はどのように変わったのでしょうか。社員のメッセージやキャストの声を観てみましょう。

1.「カスコロッソ」社員さんの声

　今日のお客さまの満足度は高かったと感じました。「こんなお店観たことない」と言われ、お帰りになるときにも、「元気をもらえました。明日から頑張れます」といった言葉をいただきました。

　今日働いているキャストもイキイキしていて、お店の雰囲気を自ら創っていて良い感じでした。**感謝します**。社員としても、仕事をキャストに教えるのではなく、一人一人が自分で考えて行動でき、またチャレンジできるように、ボトムアップ型の指導で観守りたいです。

2.「ころん：」社員さんの声

　本日はご予約をたくさんいただいていた上、営業途中にご新規さまが10名近く入られました。お酒などの提供に時間がかかってしまうこともありましたが、その後のフォローを皆で協力して行い、満足していただけたと思います。

　今日のキャストは本当によく頑張ってくれました。**感謝しかないです**。カスコロッソからも助っ人できていただきました。**感謝です**。明日もよろしくお願いいたします。

3.「カスコロッソ」キャストさんの声

　今日は、いつもより少し早く最後の片づけを終えることができました。

　というのも、早上がりされるキャストの方たちが、ギリギリまで片づけをやってくれたからです。本当にありがとうございます。

　早上がりにもかかわらず、後に残る人のためにできることを探す姿勢が本当に素敵だと感じました。

　いつもみんなの協力があってのカスコロッソだと思います。**本当に感謝しています**。これからもよろしくお願いします。

　このように、私のもとには、毎日のようにメールが入ります。お気づきかと思いますが、必ず文面に「感謝」という言葉が入っています。**この感謝量を増やすことがとても大切**なのです。

You Homeでは、満足するお店を目指しているのではなく、「感動・感激して
もらえるお店」を目指しています。

　「神は細部に宿る」という言葉があるように、「感動・感激も細部に宿る」ので
す。この細部をどれだけ追求し、可視化できるかを重視しています。

# 伯和グループ

ワクワクして仕事に取り組むエンゲージメントの高い組織を創る

## ◎売上786億円を誇るグループに新しい仕組みを導入する

　広島県東広島市に本社を構える伯和グループ。アミューズメント、飲食事業、フィットネス、ホテル、不動産、フラワーアレンジ、衛生管理、土木建設、ビル管理、医療など、多角的に事業を展開し、社員数は1200人以上の企業です。年商は786億5600万円（2018年度）に達しています。

　「未来に向けてよりよく会社を革新していくこと」
　「社員が常にワクワク楽しんで仕事に取り組むエンゲージメント（絆）の強い組織を創ること」
　「社会貢献、地域貢献がいつまでも続く魅力ある会社にすること」
を目指して、ボトムアップ理論を取り入れることになりました。
　それに先立って、社長の安本政基氏や幹部の方々にボトムアップ理論について説明したところ、志の部分や目指すべきゴールで共鳴し、1年間みっちりと一緒に取り組むことになりました。
　新たな組織論を会社に導入するには、トップの協力が得られないと難しいところがあるので、こういった社長の思いは非常に重要です。

## ◎まずは互いの思いを共有する

　ボトムアッププロジェクトは、2020年1月から始まりました。もちろん、プロジェクト全体のリーダーは私です。
　まずは8事業所のうち、3つの事業所のリーダーにボトムアップ理論を教え込み、そこから、各事業所に落とし込む方法を取っています。
　新型コロナの影響で、4〜6月は研修を中断せざるを得なくなりましたが、各事業所のリーダーとなる社員が、意欲と向上心を高く持って研修を受けている

ことから、早くもボトムアップ型思考が浸透しつつあります。

　この研修でも、ただボトムアップを理解・納得してもらうだけでなく、皆で考えをシェアする時間を多くとり、お互いの心のうちを共有することに焦点を当てています。

　やはり一番大切なのは、どんな思いで働いているのか、仕事をしているのか、です。それらを共有して信頼関係を創り、心の部分が素直に、そして謙虚になることで、澄み切った心になり、「澄み切った出来事」が起こるのだと思います。

　いかにして「ONE TEAM」を創るか。伯和グループのクレドに向かって理念の共感・共有をはかり、一丸となって前進しています。


## ◎利益よりも大切なものを見つけ出し、創り出す

　プロジェクトの区切りは１年後。

　最終ゴールは、ただの利益向上だけではなく、もっと大切なものを伯和グループ全体で見つけ出し、創り出し、生み出すことです。

　伯和グループでは１年間を掛けて、ボトムアップ理論の浸透を試みました。

　ボトムアップ理論の研修の特徴は、必ず講義の後に、その講義の内容を肌で体感できるアクティビティーを入れることです。

　実際に手と頭と身体を動かしながら、仕事で実践することをイメージして体に落とし込んでいきます。

　本当の現場ではなかなかミスできないので、研修で先取りしてミスを起こし、改善していきます。

　過去の検証型ではなく、「意図的に、かつ確実にリスクを起こす」という逆転発想のアプローチによって、みんなで改善する方法を取ります。

　こうすることで、リスク対応力がつき、リスク感受性も高まります。


　よく日本と海外の違いとして、「日本は『うまくいく方法』を教えるが、海外では『うまくいかなかったときはどうするのか？』を考えさせる」と言われます。これはスポーツの現場でも同様でした。

　ボトムアップ思考は後者の、世界標準の考え方をとるのです。この違いは非

常に大きいと考えています。


## ◎リーダーのエンゲージメントが確実に向上

　2021年2月に1年間の研修は終わりました。最後のセミナーでは各事業所のリーダー一人一人に、パワーポイントを使い、ボトムアップ型思考を取り入れたお店の進化と未来に向けての仕掛け、仕組み創りをプレゼンしていただきました。ものすごく感動感激するプレゼンで本当に未来にワクワクしました。

　間違いなくリーダーのエンゲージメントは取り入れる前より上がっていますし、リーダーアンケートによると、従業員がワクワクと元気に楽しく、そして気持ちよく働く環境になってきているみたいです。

　また、伯和ビクトリーズ（野球部）においては、ボトムアップ理論を駆使しながら、見事、第92回都市対抗野球中国地区第一代表での出場を決定され、本大会出場権を獲得されました。

　全国大会においても一回戦を突破しベスト16に進出されました。私も応援をしに東京ドームまで行き、素晴らしいイキイキとした戦いぶりに感動・感激いたしました。


　このように、環境の改善はパフォーマンスにもプラスに働いているようで、売上も順調に成長を続けていかれると思います。

　私も全ての事業所＆お店を見学し、空気感、雰囲気を自分の目で確かめながらアドバイスをしているので、これからのワクワクが止まりません。

　未来の伯和グループさまのボトムアップ思考型の動きが楽しみです。

# 株式会社ビッグラン

### 売りたいと買いたいをつなぐ！

## ◎ボトムアップ理論を駆使して進化を目指す

（株）ビッグランの事業内容は

1. 自動車販売及び車探しに関する情報提供
2. カーライフプランの相談及び提案
3. 自動車部品の販売及び自動車整備
4. 自動車保険ほか各種保険の取り扱い
5. 自動車の買取り及び委託販売

などです。

　増田裕明社長が（一社）ボトムアップパーソンズ協会の法人会員でありボトムアップ理論を駆使して会社に取り入れられていましたが、この度2022年5月から私が講師として直接2年間携わることになりました。

## ◎会社には素晴らしい5訓があります

1. 私たちは感謝と感動があふれるコミュニティプラザをつくります。
2. 私たちは地域社会に元気と幸せを売る店をつくります。
3. 私たちはもう一度会いたい人のいる、もう一度行きたい店をつくります。
4. 私たちは出会いに感謝！　仲間に感謝！　家族に感謝！　します。
5. 私たちは取引先の皆様に「おかげ！　おかげ！」の感謝を示します。

この5訓をしっかり浸透させるために、毎月いろいろな学びと実践をしています。

## ◎ボトムアップ理論を取り入れる前提

　基本ボトムアップ理論をどのように取り入れていくかの前提は、「事業を成功させるのか、事業を成功させる人を育てるのか」だと思います。私は後者で自立型人財育成を徹底的に取り組んでいます。そしてみんなが主役、みんなで成長、イキイキした組織を絶対にズラさないように毎日確認しています。

## ◎「あり方」をしっかり押さえて「やり方」との融合

　私が毎月行う講義のときは、朝、社員さんの出勤と同じ時間にお店に行きます。お仕事中は社員全員にお声をかけさせてもらいコミュニケーションを取り、終業までお店にいて風土を感じさせていただいて講義に入ります。

　基本、しっかりと観察することが大切で、「あり方」を大切にしています。あり方とは心のあり方で、どんな思いで働いているのか、どんな心構えで働いているのか、何のために働いているのかということです。この心の部分をとても大切にしています。

　そして、なんといっても社員さんから信頼、尊敬されるにはどうしたらいいかと考え（人と人は信頼関係が大切）、とにかく①率先垂範（生きざま）を見せる、②やる気本気を見せる、③支援者になりきっかけづくりを意識して自ら現場に一緒にいる、ことで実践しています。皆さまがボトムアップ方式を自分事として動いてくれるようになってきました。

## ◎実際の仕掛け方・取り組み方

　スタートはまず自分軸（自分の生きていく上での志）を創っていただき、毎回振り返れる羅針盤を創りました。

　次にどこに向かっていくのかの地図を創ってもらいました。そして自分は何のために働くのかを紙に落とし込み可視化して、会社に張り出すようにしました。毎日観ることにより、なんとなく働くのではなく、目標をはっきりと意識

して働くことができるので、一人一人の周波数が高くなり、お店自体の空気感や波動がどんどん良くなりました。

　そして、次には朝のワクワク朝礼につなげて、体と心をウオーミングアップして会社としての一体感を高めるように仕掛けていきました。良いスタートが切れているのではないかと思います。

　また、大きなホワイトボードを創っていただき、毎日出勤したらすぐに本日の働く目標を書いてもらいます。退勤前にフィードバックをします。そして手段はPDCAサイクルを使います（Ⓟ今日の目標計画、Ⓓ実際に仕事をして、Ⓒお仕事のチェック（フィードバック）を5段階評価で行い、Ⓐ感想や明日の改善をしてまた明日の計画に活かす）。働く目標を可視化して、自分たちで士気を上げていく仕組みや仕掛けを創っていきました。

　自分だけでなく仲間の思いも見れるので、チームワーク創りの仕掛けとしてもすごく良いものになりました。


## ◎ボトムアップ理論を駆使した成果

　いろいろな手法で「あり方」と「やり方」を組み合わせていった結果、なんと1年間の売上、利益率がこの33年間で過去最高を成し遂げ、6月～11月は月間売上が過去最高記録を毎月更新するという奇跡的なことが起こっています。

　私はやり方を教えたのではなく、あり方を伝え、一人一人が自立型人財になるように仕掛けていっているだけです。本当にみるみる社員さんが輝いてきているのが伝わってきます。成長したいという想いが相乗効果につながってきています。

　ボトムアップ方式は自立型人財を育成していきます。何事も他人に依存するのではなく、自分に依存するのです。自立型人財とは、自分で考えて、自分で道を切り開いていく姿勢のことです。

　これができると組織は動き出します。組織は人で成り立っているので、人を育てれば組織は変わります。

## ◎これからの新たな取り組みと会社の未来への創造！

　今新たに取り組んでいるのは、先ほどの5訓の抽象を具体化し、一人一人がしっかり意味をかみしめながら仕事を行えるよう、浸透させていくことです。
　「ワールドカフェ」という手法を用いて、会社みんなでボトムアップミーティングしながら思いを引き出しつなげてさせていきます。

　「何のために」としっかり働く目的が見えてくると、100倍1000倍と可能性が最大限に発揮されてくると思います。実際に毎月みるみる人間力と仕事力が向上しているのがわかります。

　まだまだ半ばではありますが、これからの社員さん一人一人の成長が店の成長につながっていくと思います。

　これから車業界（企業）の中でボトムアップ方式のモデル店になっていくと思います。また徐々に見学もできるようにもなってきます。

　これからの（株）ビッグランさんの成長を、ぜひ皆さま楽しみにしていてください。

# おわりに
## ～「大変なときは」大きなチャンスでもあります～

　本書を最後までお読みいただき、本当にありがとうございました。

　私は、2019年の7月末をもって31年間勤務してきた、広島県公立高校の教員を退職しました。普通に考えれば一大決心です。年齢も53歳で出世などを考えれば、さあこれからという時期でもありました。

　しかし、不思議なことに悩むことも、誰かに相談することもなく、ピンときたタイミングで校長室に出向き、退職を願い出ている自分がいました。

　私の人生を振り返ると、小学2年生のときの、後に恩師となる浜本敏勝先生（現大河FC総監督）との出会いが、今の自分を創る第一歩となりました。

　浜本先生こそがボトムアップ理論のルーツであり、「サッカー選手である前にまず人であれ」という薫陶を受け、私は教師の道に進むようになりました。

　子どものころの私はやんちゃで、トップダウン思考型の選手そのものでした。

　「ああしろ!」「こうしろと!」と仲間に指示を出しながら自分の好きなようにわがままなサッカーをしていた自分に、「**サッカーとは自己表現と思いやりだよ**」と教えてくださったのが、浜本先生でした。

　もう一人、地元の先輩として大きな影響を受けたのが、2020年度に「第17回日本サッカー殿堂」入りされた、木村和司さん（元日本代表）です。広島大河FCの第一期生にあたり、日ごろからよくしていただいている和司さんから、「**サッカーとは『わがままにではなく、我がままにだよ』**」と教えていただきました。

　このように、私の人生は人との出会いのなかで、次々と良い方向に切り拓かれていきました。人格とは、出会う人によって形づくられるのだとつくづく感

じます。

　ここには書ききれないほどのたくさんの方々との出会いに、本当に感謝しています。その感謝の気持ちを胸に、今度は自分自身ができることを「我がままに」表現したいと思ったのが、教員退職の理由でした。

　残りの人生では、**一人でも多くの方々に、「ボトムアップ理論」をお伝えし、悩めるリーダーのお役に立ちたい**、と心に決めたのです。

　ボトムアップ理論が浸透した暁には、日本中に前向きなリーダーとチームがあふれているはずです。そうしたら、どんなに明るく元気な国になっているのだろう、と思うとワクワクして興奮が止まりません。

　そんな、新たな人生のスタートと重なる形で、本書『ボトムアップ理論® 成果を出し続けるリーダーの5つの習慣 実践ワークシート』を出すことになりました。この本は、マニュアル本、テクニック本ではなく、あえて言うならば、「人間力育成本」になると思います。

　仕事のスキルを磨いてすぐに成果を出すという「目に見えるアプローチ」ではなく、人間力を磨くという「目に見えないアプローチ」を勧める本なので、最初は戸惑うかもしれませんが、まず行動に移してみてください。

　成果は後からついてきます。それこそがボトムアップ型思考そのものです。

　コロナ禍の終わりがなかなか見えないなかで、毎日テレビなどを観ていても暗い話題が多く、世界中が大変な時代になっています。

　しかし、「大変」という漢字は、「**大（きく）変（わる）**」と書きます。つまり、大変だということは、ピンチでなく大きなチャンスなのです。

　本書の中でも述べているように、問題に問題があるのではなく、その問題をどう捉えるか、どう観るかに問題があります。人も世の中もそう簡単には変えられませんが、自分自身はすぐにでも変えることができるのです。

　一人一人が自分自身を照らす（**一隅を照らす**）ことで、他人を変えるのではなく、自分自身をまず変えていくのが大切であり、その仲間が増えれば増えるほど、周りはどんどん明るく照らされていきます。

**この大チャンスのときを逃さず、一緒にボトムアップ型のチーム、組織を創っていきましょう。** 自分たちの力で世の中を大きく革新していきましょう。

　本書を通じてボトムアップ理論を伝えることで、一人でも多くのリーダーが、自ら考えて積極的に行動することの素晴らしさを知り、ボトムアップ理論の主体性の持つパワーをご自身の人生に役立てていただけたら、とてもうれしく思います。

2023年1月

畑　喜美夫

【著者プロフィール】

# 畑　喜美夫（はた・きみお）

1965年11月27日生まれ。広島県広島市出身。

小学2年生から広島大河フットボールクラブでサッカーを始める。その後、東海大一高校（現・東海大学付属静岡翔洋高校）へ越境入学。静岡県選抜で長谷川健太（元日本代表、J1 名古屋グランパスエイト監督）や三浦泰年（元日本代表）、武田修宏（元日本代表）と国体2位。U-17 日本代表にも選ばれる。順天堂大学に進学し、2年時にU-20日本代表を経験。4年時に関東選手権、総理大臣杯、全日本インカレの三冠に貢献。社会人でも広島県選抜選手として国体で優勝するなど現役として全国優勝を3度果たす。

その後は、広島県の公立高校教諭となり、広島県立廿日市西高校を経て、1997年に広島県立広島観音高校へ赴任。自ら考えて積極的に行動する力を引き出す「選手主体のボトムアップ理論」を用い、2003年に初の全国大会に導き（全日本ユース大会ベスト12）、2006年は全国高等学校総合体育大会サッカー競技大会（インターハイ）で36年ぶり初出場初優勝の全国制覇の快挙を果たした。その後も数々のタイトルを獲り、全国大会に13度出場し、プロ選手（Jリーガー）を十数名育てた。日本サッカー協会公認A級ライセンス、日本体育協会上級コーチも取得している。2009年にはU-16日本代表コーチも務めた。2011年に広島県立安芸南高校に赴任すると、5年目で弱小チームを県ベスト8、県トップリーグ（1部）まで引き上げた。2019年4月から広島県立高陽高校に赴任したが7月に31年間勤めた公立高校の教員を退職。現在は人財育成、組織構築の全国の教育革命の活動をしている。

フジテレビ「とくダネ」、日本テレビ「世界一受けたい授業」、NHK「おはよう日本」などに特集され、テレビ朝日「ニュースの深層」に出演した。また本の出版、雑誌連載、CD、DVD、ラジオ、Jリーグ解説、2015年7月には一般社団法人ボトムアップパーソンズ協会を設立し代表理事も務め、2019年8月より（株）You Homeの人財育成、組織構築部代表も勤める。全国各地・海外への講演活動（年間150本）など多方面で活躍している。

・一般社団法人ボトムアップパーソンズ協会

 https://bup-hiroshima.com/

・畑喜美夫公式サイト

 https://hata-kimio.net/

・Facebook

 https://www.facebook.com/kimio.hata/

・Instagram

 https://www.instagram.com/kimio.hata/

・畑喜美夫教育チャンネル

 https://www.youtube.com/channel/UCtfWr8jDkjc-NxL8nF6aN6g

・Twitter

 https://twitter.com/kimiohata

ボトムアップ理論®
# 成果を出し続けるリーダーの**5つ**の成長習慣
# 実践ワークシート

2023年1月19日　第1刷発行

| | |
|---|---|
| 著　者 | 畑 喜美夫 |
| 発行者 | 田中朋博 |
| 発行所 | 株式会社ザメディアジョン |
| | 〒733-0011 広島市西区横川町2-5-15 |
| | TEL.082-503-5035　FAX.082-503-5036 |
| 編　集 | 滝瀬恵子　山本安彦 |
| デザイン | 村田洋子 |
| イラスト | 佐々木瞳 |
| 校　閲 | 大田光悦　黒星恵美子 |
| ＤＴＰ | 岡田尚文 |
| 印刷所 | 株式会社シナノパブリッシングプレス |

# ザメディアジョンの 畑 喜美夫の本

## マンガでみる
# ボトムアップ理論

広島県立広島観音高校サッカー部を初出場で全国制覇に導いた、選手主体の「ボトムアップ理論」を漫画でわかりやすく解説しています。

**定価：1320円**（本体1200円＋税10%）

ISBN978-4-86250-438-8 C0034

# ザメディアジョンの 畑 喜美夫の本

## 図 解
## ボトムアップ理論 ®

大きな反響を呼んだ「ボトムアップ理論」のキーワード
38 項目を、解説と図解でわかりやすく紹介しています！

定価：**1100**円（本体1000円＋税10%）
ISBN978-4-86250-631-3 C0034